别出机杼

原创性展览的理论与实践研究

Ingenious Creativity:
Theoretical and Practical Research on
Original Exhibitions

俞敏敏　　楼航燕◎主编

ZHEJIANG UNIVERSITY PRESS
浙江大学出版社

序

从展览的定位出发进行原创

任何一件产品的出现和变化，都是人们追求创新的结果。丝绸产业更为如此，人们总是尽量别出机杼，以求新样。唐代开元初年，皇甫恂为益州司马，破库物织新样锦以进，后被苏颋叫停。不过唐诗中反复出现"遥索剑南新样锦""舞衣转转求新样"等诗句，这正说明了人们对创新的不断追求，特别是在一个风格转变的时代、一个追求时尚的时代，这种创新的动力无疑会更大。原创性展览就是在中国博物馆事业得到迅速和大规模发展的过程中产生的一个重要话题。

从市场经济的原则出发，任何行为都由其需求所决定。展览如此，原创性展览更是如此。原创不是为了原创而原创。举办原创性展览是因为不曾有过这一类型的展览，人们只能从头开始，下很大的功夫进行原创。如果有已成型又受欢迎的展览，我们又何必进行原创？

展览的原创有可能包括：为了表现传播主题而设计的原创，为了展示藏品而设计的原创，为了研究藏品而设计的原创，为了征集藏品而设计的原创等。但总体都是为了实现博物馆的功能而进行原创的。中国丝绸博物馆（简称"国丝馆"）是一个新馆，藏品并不丰富，资金也不是很充裕，但因为我们的专业特色过于明显，所以在设计原创性展览时有了多种考虑。

一、围绕国家政策策划展览

博物馆总是要围绕国际大势、国内大局来进行展览策划的考虑。国丝馆是以丝绸纺织服饰为主的专题类博物馆，按照我们的理解，目前能够结合的国家政策有两个："一带一路"倡议和振兴传统工艺的计划。一是"一带一路"倡议。丝绸是丝绸之路的原动力，讲好丝绸故事，正是讲好丝路故事的一个重要方面。二是中共中央办公厅、国务院办公厅印发的《关于实施中华优秀传统文化传承发展工程的意见》，以及文化部（现为文化和旅游部）、工业和信息化部、财政部制定的《中国传统工艺振兴计划》。因此，我们每年推出"丝路"系列、"时尚"系列、"民族"系列等展览，但"民族"系列不是我们的特长，我们便以引进展览为主，所以最能代表大局的展览是"丝路"系列。从2015年开始，我们组织了"丝路之绸——起源、传播与交流""古道新知——丝绸之路文化遗产保护与研究成果展""丝路岁月——大时代下的小故事"等一系列大展。

我们在策划这一系列大展时的基本定位是：（1）题目应具有重大历史和现实意义，解决一定的重大问题，在专业领域里具有引领性，最终产生相当大的专业影响力；（2）我们在这一领域中占有一定地位，但不一定是最权威的地位，展览结束后，我们可以增加国丝馆在其中的话语权；（3）我们不一定有足够的藏品，但可以充分利用全国甚至世界各地的藏品，共同打造这一主题的展览。

二、根据本馆宗旨和收藏特色策划展览

每个博物馆都有自己的宗旨和定位，其主要展览也会根据博物馆的基本定位和收藏特色来策划。国丝馆是以中国丝绸为核心的丝绸纺织服饰类博物馆，利用藏品特色来打造这方面的展览是本馆原创性展览的主要任务。我们做过的此类展览有"千针万线——中国刺绣艺术展""锦绣世界——国际丝绸艺术展""神机妙算——世界

织机与织造艺术""荣归锦上——1700年以来的法国丝绸展"等。

我们的原则是：（1）展览主题与本馆宗旨密切相关，充分发挥本馆在某一领域中的优势，在本领域内具有相当大的重要性，成为行业共同的关注点；（2）选题具有创新性，应进行学术梳理，最终产生新的学术成果，具有相当大的专业影响力；（3）以本馆藏品为主，但也利用全国甚至世界各地的藏品，甚至是边策划边征集藏品，在征集的过程中完善策划方案，提升学术水平，产生研究成果。

三、以征集为主要任务策划展览

博物馆的中心工作之一是文物征集，我们为明天收藏今天，可能没有充裕的时间对每年的藏品进行研究和整理，但收藏的今天的藏品也经常需要在较短的时间内进行展览。这一类展览有时可能基本没有系统的脉络，但有时征集藏品具有一定的定位和目标，所以展览就会有一定的分类和体系，也可以是原创性展览。本馆的征集性展览最为大型的是从2011年开始的一年一度的时尚回顾展，迄今已经做了8届。时尚回顾展的目标是通过若干年的征集建立一个较为系统的有年代的收藏，在若干年之后形成一个系统的展览。但在现阶段，我们提出的目标是：通过一个展览，征集一批藏品，梳理一段历史，打造一个平台，锻炼一支队伍。此外，"山水——全球名家旗袍邀请展"也是主要的征集性展览，它是从2018年的杭州全球旗袍日开始的一个新的系列，做的是国际化的旗袍设计展。

这类展览带来的成果将会有：（1）征集一批较为系统的藏品，反映当年服装、面料、饰品、相关艺术品的面貌，产品的提供者包括设计师、服装企业、大学里的新秀等；（2）打造一个平台，形成博物馆与设计师之间的良性互动，让博物馆的形象在时尚行业中明确起来，打造一个时尚生态圈；（3）形成一支策展和研究队伍，能够对这一类别的展览形成策展能力。

（四）以研究和整理藏品为主策划展览

这是以研究和整理为基础的原创性陈列，其观众不一定都是普通观众，更可能是专业同行：一类是搜集新发现资料的学者或爱好者，另一类是学习保护修复方法和过程的人士。我馆也有相当多的这类展览，主要是在修复馆和新猷资料馆展出。其中，反映我们科技保护成果的有"瀚海沉舟——新疆小河墓地出土毛织物整理与研究""丝府宋韵——黄岩南宋赵伯澐墓出土服饰展""钱家衣橱——无锡七房桥明墓出土服饰保护修复展""曾住长干里——大报恩寺出土宋代丝绸""梅里云裳——嘉兴王店明墓出土服饰中韩合作修复与复原成果展"等，而整理本馆藏品的展览有"包罗万象——19至20世纪西方时装包包的世界""她的秘密——西方百年内衣""了不起的时代——20世纪20年代的时尚"等。

这一类展览的目标有：（1）展示一批资料，无论是已收藏的还是刚获赠的，大量深藏在库房的文物通过学术的梳理走到前台，供爱好者鉴赏，这也是让文物活起来的一个途径；（2）在完成一个科研项目后，我们可以根据项目的主要内容来策展，进行一次较为直观和迅速的科普活动，普及一项或一组新的技术。

由此看来，原创性展览无处不在，也无时不在。原创性展览的标准并不是唯一的，不一定在于规模的大小、经费的多少，也不一定在于主题和类型。对展览而言，更为重要的是要有精准的定位，达成所计划的目标。这样的展览就一定是好展览，是有效果、有意义、值得我们去做的展览。让我们从各自的定位出发，做好原创性展览！

赵丰

中国丝绸博物馆

馆长／博士／研究员

目录

"断舍离" vs "填空题"

——"锦程——中国丝绸与丝绸之路"展策划小记

徐　铮　中国丝绸博物馆

摘要：中国丝绸博物馆的基本陈列体系形成于1986年，此后经过几轮更新，在2016年最新的改扩建工程完成后，推出了"锦程——中国丝绸与丝绸之路"基本陈列展览。它以丝绸为载体，阐释了丝绸从中国起源的过程，以及通过丝绸之路进行的文化与技术交流。本文重点介绍了此次策展过程中遇到的内容、辅助展示手段的取舍和为展柜"定制"展品这两大挑战，以及采取的相应解决方案，并指出只有紧密围绕展览主题，围绕展品讲故事，才能解决各种难题。

关键词：基本陈列；锦程；策展手记

一、国丝馆基本陈列的前世今生

中国丝绸博物馆（简称"国丝馆"）的陈列体系形成于1986年，在建筑方案论证之时，筹建者就已经设定了序厅、蚕桑厅、制丝厅、丝织厅、印染厅和综合厅的构想。此后，经过调整，到了1992年正式对外开放时，馆内分设序厅（图1）、历史文物厅、民俗厅、制丝厅、蚕桑厅、丝织厅、印染厅、现代成就厅和机动厅九大部分，对丝绸文化进行全方位、有重点的展示。1997年，国丝馆对陈列布局和形式进行了局部调整，将原有的展厅浓缩为序厅、历史文物厅、蚕桑厅、染织厅和现代成就厅五个部分。

■ 图1　1992年正式开放时的序厅　　■ 图2　2004年完成陈列改造后的序厅

　　2002年，为提升参观体验，国丝馆针对基本陈列、建筑和环境进行了首次全面改造（图2）。2004年完成改造后的基本陈列以"中国丝绸的故事"为主题，分为文物厅和服饰厅两大部分。其中，文物厅从丝绸的起源与发展、绚丽多彩的中国丝绸出发，讲述丝绸的发展历史并展示织染绣品，生动直观地向观众阐释丝绸的品种和丝绸在中国古代社会生活中的地位（图3）；服饰厅则通过将丝绸服饰实物与微缩服装人物模型、图板、象征性复原场景相结合的形式，展现战国至民国时期中国传统服饰的风采，并从遵神循礼、锦衣绣服、家常日用等几个方面来诠释丝绸服饰在古代社会的功用（图4）。

■ 图3　2004年完成陈列改造后的文　　■ 图4　2004年完成陈列改造后的服
　　物厅　　　　　　　　　　　　　　　　饰厅

　　改造后的基本陈列融艺术性、知识性、观赏性和参与性于一体，并于2005年获得了国家文物局第六届（2003—2004年度）全国博物馆十大陈列展览精品奖。尽管如此，展览仍不能尽如人意，特别是因场地条件的限制，可以展出的文物数量十分有限，同时，呈分隔状的弧形展厅也造成了参观线路的不通畅。

因此，在2012年国丝馆二十周年馆庆之际，国家文物局宋新潮副局长提出了改造基本陈列的要求。2014年，中国丝绸博物馆改扩建项目由浙江省政府立项，2016年完成建设和布展，并正式开放。新馆建筑面积2.5万平方米，由丝路馆、蚕桑馆、织造馆、修复馆、锦绣廊、时装馆、行政楼、藏品楼、桑庐、研究中心等组成（图5）。其中展览面积9000平方米，包括"锦程——中国丝绸与丝绸之路""天蚕灵机——中国蚕桑丝织技艺非物质文化遗产展""更衣记——中国时装艺术展(1920s—2010s)""从田园到城市——四百年的西方时装"四个基本陈列，形成了一个从古到今、从中国到西方、从面料到服饰的完整展览体系。

■ 图5　2016年完成陈列改造后的中国丝绸博物馆全景

二、"锦程——中国丝绸与丝绸之路"展的基本情况

中国是世界丝绸的发源地，以发明植桑养蚕、缫丝织绸技术而

闻名于世，被称为"丝国"（Seres）。数千年来，中国丝绸以其独有的魅力、绚丽的色彩、浓郁的文化，为中国文明谱写了绚烂的篇章。同时，丝绸催生了丝绸之路。作为丝绸之路的主角，中国将丝绸产品及其生产技术和艺术传播到世界各地，为东西方文明互鉴做出了卓越的贡献。从史前走来的中国丝绸，与中华文明相伴相生，直至今日依然绚烂如花。

国丝馆拥有大量丝绸之路沿途出土文物，在"丝路之绸"学术研究领域也占据领先地位。我们在原有基本陈列"中国丝绸的故事"的基础上做了很大的改动，把"锦程"展的主题确定为"中国丝绸与丝绸之路"，以丝绸为载体，把原来单纯以中国丝绸发展历史为脉络的展览，横向扩展至丝绸之路上的文化与技术交流的展示，注重阐释丝绸如何从中国起源，对中国产生影响，并传到中亚、欧洲，这一点在展览的前言装置设计上得到了充分的体现。

这个装置由纵横两个方向绷紧的细钢索及中间的编织物组成。此种设计具有双层含义：表层含义是分别以纵横向的钢索象征织物

■ 图 6 "锦程——中国丝绸与丝绸之路"展的前言装置

中的经线和纬线，并在中间位置形成交织效果，编织出展览的名称；而更深一层的含义则是以纵向钢索代表丝绸穿越数千年的发展历程，象征着时间维度，以横向钢索代表丝绸之路上各国之间文化和技术的交流，象征着空间维度（图6）。

作为基本陈列的重要组成部分，"锦程——中国丝绸与丝绸之路"位于丝路馆，共分为八个单元：源起东方（史前时期）、周律汉韵（战国秦汉时期）、丝路大转折（魏晋南北朝时期）、兼容并蓄（隋唐五代时期）、南北异风（宋元辽金时期）五个单元位于二楼展厅（图7），展示了从史前社会到宋元时期中国丝绸的历史及各个时期丝绸之路沿线东西文化的交流；礼制煌煌（明清时期）、继往开来（近代）、时代新篇（当代）三个单元则位于三楼展厅（图8），通过漳绒、妆花

■ 图7 "锦程——中国丝绸与丝绸之路"展二楼平面布局图

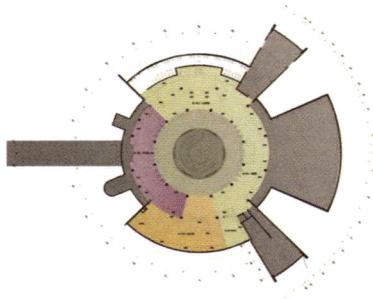

■ 图8 "锦程——中国丝绸与丝绸之路"展三楼平面布局图

缎等高档织物，明清官服、男女织绣服饰及晚清外销绸，像景织物、美亚丝织厂绸样等民国实物，20世纪50至70年代丝绸样本、意匠图小样稿及当代新型面料、数码织锦，展示了从明清到当代的丝绸发展历程[1]。

1　中国丝绸博物馆 . 中国丝绸博物馆 [M]. 杭州：浙江大学出版社，2018：11.

三、展览策划中的"断舍离"

与2016年改造前的基本陈列相比，由于展厅面积的扩大，改造后的"锦程——中国丝绸与丝绸之路"展在展品数量上得到了很大的提升，共展出文物432件，辅助展品20件，使得展览的时间下限从民国延伸到当代。而这样的扩充是以前期20多个展览为经验，以及20多年来不断积累的收藏为基础的（图9），也正因为如此，在面对众多的藏品和知识点时，怎样取舍成为策展人面临的一个主要问题。

第一个面临取舍的问题是在展品和版面内容方面。中国丝绸史是一个十分庞杂的知识体系，涉及技术史、艺术史、考古学、中西交通史等各个方面，特别是此次展览将时间下限设置为21世纪，时间跨度达到数千年，包含诸多知识点，而展览空间却很有限，因此我们尽量选择具有代表性的展品，力求能表现出每个时代的特征，而版面的内容则完全围绕展品而展开。同时，也注重展示最新的研究成果。例如，2012—2013年在四川成都老官山汉墓出土的织机模型是我国首次发现的完整的西汉织机实物模型。国丝馆以此次发现为研究对象，承担了国家文物局"指南针计划"专项课题"汉代提花技术复原研究与展示——以成都老官山汉墓出土织机为例"，对其

■ 图9 展览前期的学术成果

织造运动规律进行推断和复原。此次在第二单元"周律汉韵"部分，就以实物和动画相结合的方式进行了相关研究展出。

第二个面临取舍的问题是在视频等辅助展示手段的选择方面。美国克利夫兰美术馆前馆长大卫·富兰克林（David Franklin）曾经说过："每个博物馆都在寻找一座圣杯，这座圣杯就是艺术与科技的结合体。"可见，在科技发达的当今社会，一些科技手段的应用有助于提升博物馆的展示效果，但如何避免将博物馆展厅变为科技展示馆，甚至电子游乐场，是策展人必须掌握的。因此，在本次展览策划的时候，我们确定了以展品为本的原则，把视频内容定义为对展品的延伸阅读和补充，可有可无的辅助手段一律不用（图10）。例如，在第六单元"礼制煌煌"部分，由于国丝馆收藏的明清补子种类不全，因此在展柜中安装平板电脑，以照片的形式循环播放未收藏的补子的照片，展示从一品至九品文武官员补子的全貌，起到了很好的补充作用。

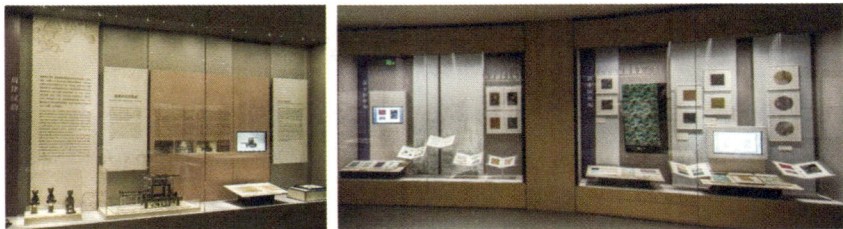

■ 图 10　展览中视频等辅助手段的应用

四、展览策划中的"填空题"

所谓"填空题"，是指解决在前期的策划和布展中遇到的突发情况或挑战。事实上，每个展览从构思诞生之初到最后成型，需要经过策展人、形式设计师、空间设计师和制作施工人员等多方面人

■ 图 11　弧形壁龛

■ 图 12　"锦程——中国丝绸与丝绸
之路"展厅的同心环分布

员的努力和加工，所以在其实施过程中可能遇到"拷贝会走样"的情况，不可避免地会出现很多预料不到的状况，如果不能及时解决，就会耽误进程。

以"锦程——中国丝绸与丝绸之路"展为例，遇到的最大一道"填空题"莫过于弧形壁龛（图11）的处理。当初，为了空间的统一性，展柜采用了同一材质，由墙柜、常规独立柜及弧形展柜三种形式组成，用模数化的方式形成一种同心环状的分布（图12）。但由于位于同心环最内圈的弧形展柜过于低矮，进深不够，并不适合现有丝绸文物特别是残片的展出，因此出现了为已有展柜"定制"展品的尴尬局面。为此，我们最初的解决方案是征集立体型的展品，展出陶俑、铜镜、钱币等丝路沿途出土的相关文物，但最终因短时间内无法征集到足够的展品而放弃。此后，又设想采用"一件丝绸文物＋一个历史人物＋一个故事场景"的形式，但如何使人物服饰、

■ 图 13　南宋吴皇后注本《蚕织图》

建筑性质符合历史？如何使六个展柜场景风格一致？这是很大的难题。最后我们将目光投注到南宋吴皇后注本《蚕织图》上（图13），决定把它从二维的画作转化为三维微缩模型场景。这样做的优点在于，此画所绘的是南宋浙东地区的蚕桑生产情况，与展览主题契合度高，是对外圈宋元部分展览的有力补充（图14）。

■ 图14　根据南宋吴皇后注本《蚕织图》制作的微缩场景

另三个弧形壁龛则被开辟为介绍丝绸品种知识的展示点之用，展出绫、罗、绢、缎、锦、绒等典型织物，配合解释、诗句、模型等，以达到把微观的东西放大来看的目的（图15）。这样的设计最

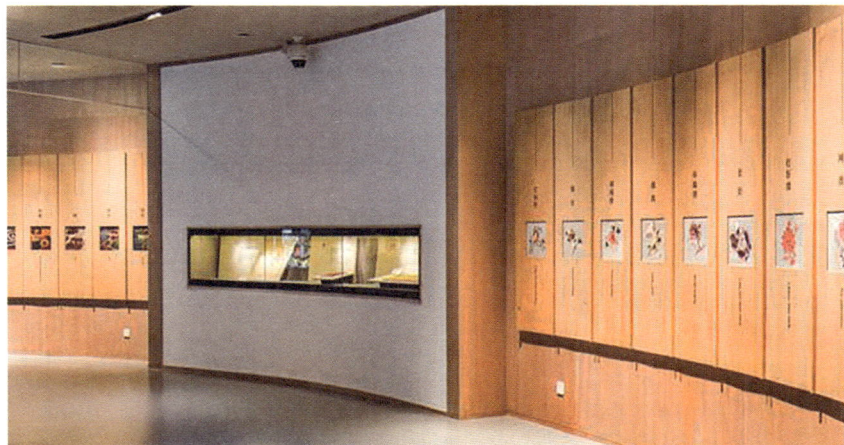

■ 图15　放置典型品种织物的弧形展柜和辅助展示的织物组织结构模型

终使整个展厅形成了内圈和外圈两条流线，两者之间是相对独立的叙事逻辑，其中内圈按时间顺序呈现丝绸的发展，观众在此看到丝绸是什么，以及丝绸之路是如何发展的；外圈则类似于链接、注释，是对内圈展览的补充说明。观众可以按顺序参观内圈，也可随时退至外圈进行参观，来阅读对理解内圈内容有帮助的深入阐释，从而形成一个进可看丝绸历史，退可看补充说明的有效参观机制。[1]

　　在本次展览中遇到的另一道"填空题"则涉及一面宽达7米的弧形墙的处理。这面墙是为了与前言部分墙面对称而设计出来的，由于空间和经费的关系，此处并不易于设置展柜。最初我们的解决方案是制作包括马可·波罗、郑和等人的航线在内的四幅丝绸之路地图，但实际效果出来后发现，在如此巨大的空间中，画面显得十分单薄，无法支撑。后来经过多方磋商，我们最终在此安装了一个触摸式互动屏——"锦绣世界"，以展示世界各地的丝绸产品（图16）。这种概念是从美国克利夫兰美术馆引进的[2]，屏幕上有许多贺卡大小的图像和视频，点击图像即可放大，同时图像周围会出现类似藏品；观众还可以根据自己的喜好，按不同分类来检索图片，或者给自己喜欢的文物"点赞"。除图片外，互动屏中还加入了五个视频，从丝绸之路概述、陆上丝路、海上丝路、草原丝路和"一带一路"五方面，全方位地展示了丝绸之路对世界文明发展的影响，观众也可自由选择播放。这种藏品数字化的理念和技术，使得博物馆可在有限的空间里展出尽可能多的藏品，由此观众不仅可以看到展厅内的藏品，还可以欣赏世界各地不同时期的丝绸精品，这也是此次展览在观众认知、反馈机制等方面做出的一大尝试。

1　以展览增强博物馆的社交场所功能——中国丝绸博物馆的尝试 [EB/OL].（2017-03-17）[2018-05-18]. http://www.hongbowang.net/hongboshuo/2017-03-17/6602.htm.

2　张丽. 克利夫兰美术博物馆的创新互动空间——Gallery One[J]. 上海文化，2014（10）：119-127.

■ 图 16　巨大弧形墙面上的触摸式互动屏

参考文献

[1]以展览增强博物馆的社交场所功能——中国丝绸博物馆的尝试 [EB/OL].（2017-03-17）[2018-05-18]. http://www.hongbowang.net/ hongboshuo/2017-03-17/6602.htm.

[2]张丽.克利夫兰美术博物馆的创新互动空间——Gallery One[J].上海文 化，2014（10）：119-127.

[3]中国丝绸博物馆.中国丝绸博物馆[M].杭州：浙江大学出版社， 2018：11.

策展理念是做好原创性展览的关键
——以"港通天下——中国港口历史陈列"的策展实践为例

🔲 冯 毅 中国港口博物馆

摘要： 如何做好原创性展览是我国博物馆事业发展过程中必须面对的问题。本文通过对"港通天下——中国港口历史陈列"策展实践的分析，论证优秀的策展理念对做好原创性展览至关重要，而优秀的策展理念需要创新的思维方式。只有在优秀的策展理念的指导下，运用创新的思维方式，才能做好展览的文本编写，采取恰当的表现形式，做好展品组合和形式设计，使展览取得成功。

关键词： 原创性展览；展览创意；策展理念；展览实践

一、原创性展览的概念解读

《国家一级博物馆运行评估申报书》对"原创性临时展览"做了简单的解释："博物馆提出创意，并组织策划的临时性展览。"这是对原创性展览的原始和概括性解读。虽然这个定义只涉及临时展览，但有的学者认为它同样适用于博物馆的基本陈列。它是创新思维方式在现代文化发展中的体现，反映出展览的科学性、独创性、创新性、前瞻性和普遍性等特征，有时还带有一定的政治倾向。总之，它突破了人们固有的陈展理念，追求一种独有的原创性概念和学术定位[1]。也有学者认为，所谓原创性展览，是博物馆专业人员在深入研究馆藏文物资源的基础上，通过对文物的重新整合而打造出的具有特定主题意义的首创性展览[2]。还有学者认为，原创性展览应该是首创的，是具有独创性的、初始的展览[3]。每个博物馆都收藏了其他博物馆所没有的东西，并且由于每个博物馆都是以某个特定地区、主题或受众为对象的，因此每个博物馆都是独一无二的[4]。不同的博物馆从业者对博物馆原创性展览有不同的解读，在实际的工作中也各有侧重。

二、"港通天下——中国港口历史陈列"策展实践分析

中国港口博物馆自2014年10月16日开馆至今已举办各种展览近20期，比较好的原创性展览有基本陈列"港通天下——中国港口历史陈列""向东是大海——纪念郑和下西洋特展""航路致远——纪念顾宗瑞创办家族航运企业100周年特别展"等。下面我就以基本陈列"港通天下——中国港口历史陈列"的策展过程为例，探讨策展理念对于做好原创性展览的关键作用。

博物馆是文化展示机构，陈列则是博物馆教育大众、实现社会功能的主要手段。展览是博物馆建设的中心工作，博物馆建设成功与否在很大程度上取决于展览成功与否。只有推出既具有思想性、科学性、知识性，又具有艺术感染力的精品展览，博物馆才能真正发挥其社会作用，博物馆的建设也才能称得上是成功的。关于用什

1　曾杰冈.论原创性展览的主要特征 [J].福建文博，2013（4）：91-93.
2　闫立群.博物馆原创性展览刍议 [C].长春：吉林省博物馆协会第二届学术研讨会，2013.
3　张健平.举办原创性展览，博物馆的大趋势——兼议基层博物馆陈展工作的方向 [M]// 中国博物馆协会城市博物馆专业委员会，上海历史博物馆.城市记忆的变奏——中国博物馆协会城市博物馆专业委员会论文集（2013—2014）.上海：上海交通大学出版社，2014：142-147.
4　博寇.新博物馆学手册 [M].张云，曹志建，吴瑜，等译.李奉栖，审校.重庆：重庆大学出版社，2011.

么样的理念去策划设计以"中国的港口历史"为内容的陈列,我们进行了大量的调研和思考。

(一)陈列内容的认识和"港城互动"策展理念的形成

在调研中我们逐步认识到,在工业社会分工细化的背景下,社会成员的知识与技能通常局限于相关专业。长此以往,各类行业之间会逐渐减少沟通和交流,要达到社会的和谐将变得困难。而增进行业间的相互理解,正是各类专题博物馆可以通过陈列手段而发挥的重要作用。专题史的陈列要成为知识普及的平台,更要成为促进社会和谐发展的积极力量。将此使命体现在陈列展览设计中,既要表现博物馆的专题性,又要表现这一主题与社会生产生活紧密关联的特征,既具行业特色又真正融入社会。

建馆之初确立了"昭示历史、展示现状、预示未来,遵循博物馆自身所具有的规律和特点,既实证化诠释中国港口灿烂辉煌又跌宕起伏的发展历程,又形象化描述现代港口在经济社会中的关键地位和重要作用,为各级领导把握港口发展脉络、理解港口构成要素,提供综合呈现形式,为国内外研究中国港口历史、探求港口未来的学者提供学术交流平台,为社会广大普通参观者了解中国港口发展过程、掌握港口知识提供深入学习环境,发挥宣传中国港口、展示中国港口的作用,引导全社会关心港口发展、支持港口建设"的建馆宗旨。我们在中国港口博物馆的核心陈列"港通天下——中国港口历史陈列"的设计中大胆进行了理念上的突破。我们打破了以往把港口史等同于港口技术史的观念,把港口放到具体的历史发展中去,把港口从单纯的静态的物,升华到动态的社会文化现象来展示。

"港通天下——中国港口历史陈列"应该以港口技术本身演变为主线,涉及港口发展所引起的政治、经济、军事和文化的发展,注重港口与城市、社会的互动,从而揭示港口在加强内部联系、维系国家统一、推动文明交流、培育民族品格、支撑国家经济发展、塑造国家形象等方面发挥的巨大作用。由此，我们确定了"港城互动"为展览内容设计的核心理念。

（二）内容设计和展品设计的具体实现

通过研究，我们认为港口与社会的互动就是从港口到所在城市再到所在地区的这样一个由点到面的扩散过程。在内容设计上，主要通过各单元具体展示港口的选定来实现。选定港口时以尊重事实为基础，充分考虑时代特色和港口所在区域的特征。以隋唐五代时期为例，这一时期港口发展的特点是码头修造技术有显著提高，大运河的开通、海上丝绸之路的兴盛促进海港和运河港的全面发展。我们选定的港口有洛阳港、登州港、广州港和扬州港。洛阳港着重表现其作为运河中枢港和连接海、陆丝路的中心港的重要作用；扬州港既表现港口影响下商业、手工业的发展，对外文化交往和由此带来的城市布局的变化，又表现社会影响下港口建造技术的进步；广州港重点突出市舶使的设立；登州港重点展示对日、朝交流通道的作用。如此一来，既表现了在码头修造技术显著提高、大运河开通、海上丝绸之路兴盛等因素影响下唐代海港和运河港全面发展的港口发展特点，又展示了由此带来的唐代社会的高度开放和繁荣，从而达到以小见大的效果。同时，为了更深刻地表现港口与社会的互动，又将与港口有密切关联，同样形成缓慢但不归属于哪个具体港口的港口文化现象独立出来，进行具体表现。

在展览理念和内容设计确立后，我们以此为指导精心挑选文物，设计展品组合。例如，用原始社会渔猎工具、水生动植物标本和原始港点复原场景配合展示，突出原始港点促进滨水聚落发展的特点；用外来宗教石刻和外贸陶瓷展品组合展示，突出宋元时期泉州港发达的对外贸易和高度的中外文化融合；以郑和下西洋的史实为线索穿起海运仓、宝船厂遗址文物，再现中国从明代就已具有的港、仓、船厂配套的完备港口体系；将近代舶来品和近代上海街道大型沉浸式综合场景相结合，体现港口发展对近代港城发展的影响，突出近代社会在港口影响下的转型。如此一来，既把每一历史时期港口、社会发展的特点表现出来，又把每个港口最核心、最有影响力的内容展现出来，成功避免了展陈中千港一面、前后雷同的现象。当然，形式设计同样围绕着策展理念和核心内容，坚持形式设计服从内容展示的原则，强调文物在陈列中不可替代的作用。提取海洋、港口、码头等设计元素的创新艺术形式，实现了展览内容与展览环境浑然一体的完美效果。

在整个展览具体内容的安排上，港口技术史只占15%，其他如港口文化约占15%，港口贸易约占40%，港口军事约占10%，港口与城市发展约占20%。这样就使得专业文化与社会文化产生互动，形成关联，把港口文化融入到社会文化中去，使中国港口博物馆的陈列内容不再单一，加强了可看性和趣味性，保证了与类似陈列的差异性。"港通天下——中国港口历史陈列"也因此备受专家好评，更在2015年全国博物馆十大陈列展览精品推介评比中荣获优胜奖。

三、结　语

我们认为，博物馆处于一个社会、经济不断加速发展的轨道中，人类的意识、理念、需求也同样在发生着快速变化。因而，原创性展览在思维方式和创作手法上也要与时俱进、放眼未来，应将展览置于历史发展和现实社会交织构成的背景中，体现出先进的思想性、科学性和鲜明的时代特征，以及勇于创新的精神。但在展览的选题上，要以科学的思想为指导，以事实为依据，不能进行"可能"性的推测和想象[1]。创意即策展理念永远是做好原创性展览的关键。

参考文献

[1] 博寇.新博物馆学手册[M].张云，曹志建，吴瑜，等译.李奉栖，审校.重庆：重庆大学出版社，2011.

[2] 闫立群.博物馆原创性展览刍议[C].长春：吉林省博物馆协会第二届学术研讨会，2013.

[3] 曾杰冈.论原创性展览的主要特征[J].福建文博，2013（4）：91-93.

[4] 张健平.举办原创性展览，博物馆的大趋势——兼议基层博物馆陈展工作的方向[M]//中国博物馆协会城市博物馆专业委员会，上海历史博物馆.城市记忆的变奏——中国博物馆协会城市博物馆专业委员会论文集（2013—2014）.上海：上海交通大学出版社，2014：142-147.

---

1   曾杰冈．论原创性展览的主要特征 [J]．福建文博，2013（4）：91-93.

为明天而收藏今天
——记中国丝绸博物馆时尚之路

🔲 陈百超　中国丝绸博物馆

摘要： 位于杭州西子湖畔玉皇山下的中国丝绸博物馆，是一家主要从事古代丝绸纺织品文物收藏、展示、研究和科技保护的国家一级博物馆。近年来，它不断深入时尚圈，从博物馆角度收藏当代服装设计师的时装作品和家纺流行面料，举办了各种类型的时尚展览，形成了"以展览带动收藏，以收藏促进展览"的办展模式。经过几年发展，中国丝绸博物馆不仅成功收藏了大量中国当代顶尖设计师的时装作品，筹建了时装新馆，还将时尚展引入各大博物馆，为博物馆与时尚界的交流合作及博物馆业务的拓展开辟了新的领域，使之成为中国博物馆界一道时尚亮丽的风景线。

关键词： 博物馆；时尚；收藏；展览

在人们的记忆中，博物馆与时尚是两个完全不同的概念，一个积淀历史、传承文化，一个创新求异、快速变化。然而，在时代的变迁中，今天的时尚就是明天的历史，物作为历史的载体被收藏在博物馆中，这样两个看似不相关的事物就被连接到了一起[1]。与时尚相关度非常高的中国丝绸博物馆，不仅在传承丝绸文明、弘扬丝绸文化方面取得了优异成绩，而且关注中国时尚的发展进程，树立了

1　冯荟. 发现·FASHION——2011 年度中国时尚回顾展 [M]. 香港：艺纱堂 / 服饰工作队，2011：116.

"为明天而收藏今天"的博物馆理念，期望通过收藏当年的典型服装和流行面料来梳理当年的时尚潮流，展示当年的时尚生活，从而策划推出了以服饰和面料为中心的年度时尚回顾展。自2011年首次举办"发现·FASHION——2011年度中国时尚回顾展"以来，中国丝绸博物馆每年岁末都举办年度时尚回顾展，不仅为博物馆业务开辟了新的时尚领域，收藏了一大批国内顶尖服装设计师的时装作品，举办了时装秀、时尚论坛等各类时尚活动，而且筹建了时装新馆，将时尚展引入各大博物馆，为博物馆业务发展和时尚产业振兴搭建了有益的合作和交流平台。

一、以展览带动收藏

面对当今社会的快速发展和深刻变革，国际博物馆界早已意识到收藏和记录当下世界的重要性。大量当代艺术品进入博物馆，这逐步成为现代博物馆发展的一大趋势。美国大都会艺术博物馆、英国国立维多利亚与阿尔伯特博物馆等不少世界知名博物馆，更是从未停止或放慢过收藏当代纺织品和服装设计作品的脚步。中国丝绸博物馆坚持"为明天而收藏今天"的博物馆理念，自2010年起开始关注当代时尚，并于2011年12月23日成功举办了以"发现·FASHION"为主题的首届年度时尚回顾展（图1）。展览通过致敬名师、新秀动力、品牌解语、织绣生活等几个板块，展示了当年收藏的众多服装设计师作品、时尚品牌服饰和家纺流行面料等。随后几年，中国丝绸博物馆接连举办了"穿越——2012年度中国时尚回顾展""新生——2013年度中国时尚回顾展""筑梦——2014年度中国时尚回顾展""蕴绽——2015年度中国时尚回顾展""化蝶——2016年度中国时尚回顾展"等年度时尚回顾展，构筑了以时尚赛事作品、时尚品牌服饰、独立设计师时装作品和家纺流行面料等为主

■ 图 1 "发现·FASHION——2011 年度中国时尚回顾展"

题的展览框架，使得每年的展览作品既符合收藏标准，又能跟上时尚潮流，从而保持了年度时尚回顾展的延续性。中国丝绸博物馆将时尚概念、时尚元素、时尚作品直接引入博物馆进行展示，以博物馆这个大平台实现古今时尚的互动[1]，赢得了众多文博单位、时尚媒体的一致认可，并得到了众多服装设计师、时尚品牌服饰和家纺面料企业的捐赠。经过几年的不懈努力，中国丝绸博物馆已初步收藏了当代服装设计师的时装作品、时尚品牌服饰、

■ 图 2　张天爱作品《飞龙回归·多元共融》

1　曹兵武. 博物馆牵手时尚——"发现·FASHION——2011 年度中国时尚回顾展"面面观 [J]. 中国博物馆，2012（1）：92-96.

家纺流行面料等4000多件/套（图2），成功拓宽了博物馆的收藏渠道和范围，极大地丰富了馆藏，为举办各类时尚展览夯实了展品基础。

二、以收藏促进展览

随着年度时尚回顾展的持续举办，中国丝绸博物馆逐步在时尚界树立了良好口碑，并相继收藏了吴海燕、张肇达、刘洋等历届金顶奖服装设计师的时装作品，以及郭培、薄涛、劳伦斯·许等数十位国内顶尖服装设计师的经典作品。这些作品不仅代表了中国服装设计的最高水准，还反映了近年来中国时装的发展历程。为了更好地展现中国时装艺术的发展历程，中国丝绸博物馆策划推出了"时代映像——中国时装艺术展"（图3），集中展示了70多位服装设计大师的原创精品名作[1]。展览以这20年里中国经济腾飞、服装产业高速增长、国民衣着水平和服饰文化的巨大进步为背景，从一个独特的视角回顾总结了近年来中国时装艺术的变迁，展示了中国年轻服装设计师的创新和艺术才华，讲述了中国服装设计师群体的成长历程。该展先后在今日美术馆、关山月美术馆、河南博物院、新加坡中国文化中心等巡回展出，赢得了博物馆界与时尚界的一致好评。在此基础上，中国丝绸博物馆于2016年完成时装新馆的建设，设有"更衣记——中国时装艺术展（1920s—2010s）"的基本陈列（图4），对近年收藏的当代中国顶尖服装设计师的作品重新做了梳理展示，集中呈现当代中国时装设计的整体水平和成就。当年12月23日，在时装新馆如期举办了"化蝶——2106年度中国时尚回顾展"，历年捐赠作品的服装设计师、服饰面料企业家，以及全国各地的文博专家、时尚教育从业者等，共同出席了展览开幕式及"时尚论坛"活动，

1　赵丰. 时代映像——中国时装艺术 1993—2012[M]. 北京：中国社会科学出版社，2013.

见证了时装新馆的顺利落成和开放（图3、图4）。

■ 图3　"时代映像——中国时装艺术展"

■ 图4　"更衣记——中国时装艺术展（1920s—2010s）"

三、多途径提升展览

为了更好地举办各类时尚艺术展览，中国丝绸博物馆先后通过多种途径来提升博物馆的时尚效应。首先，中国丝绸博物馆长期特聘服装设计专业的高校青年教师与博物馆人员一起组成策展团队，团队人员每年不断走访各地的服装设计师和服饰面料企业，征集时尚展品，梳理时尚信息，提出展览构想，并负责展览的具体实施，为展览的持续举办提供了可靠保障。其次，邀请全国各地的博物馆专家、服装设计师及时尚教育从业者每年齐聚于杭，举行了"当博物馆遇见时尚——设计师与研究员的对话"论坛（图5）、"时尚沙龙"、"时尚论坛"等多场学术交流活动，为时尚展品收藏和展览举办拓宽了思路。配合展览，每年举办中国时尚大奖"金顶奖设计师""最佳男装设计师""最佳女装设计师"等获奖设计师作品的联

■ 图5　"当博物馆遇见时尚——设计师与研究员的对话"论坛

合时装秀活动，极大烘托了博物馆的时尚氛围。同时，中国丝绸博物馆善于抓住时尚热点，与展览同步策划了多场时尚专业知识讲座及一系列观众互动项目。例如，2011年推出的"织·微博"活动，让观众手作的各种时尚针织饰品通过微博投稿评比的形式参与到时尚展中，利用微博这一快速传播的新媒体，极大地提升了时尚展的影响力。

中国丝绸博物馆坚持认为，今天的时尚就是明天的历史，从而树立了"为明天而收藏今天"的博物馆理念，收藏了大量获赠的国内知名设计师的时装作品、时尚品牌服饰及家纺流行面料等，拓宽了博物馆的收藏渠道，更将时装艺术展览和时装作品走秀成功引入博物馆，初步实现了"通过一个展览，积累一批藏品，梳理一段历史，打造一个团队，建设一个平台"的初期目标[1]，成功践行了"以展览带动收藏，以收藏促进展览"的收藏、办展思路，让博物馆迸发出新的时尚活力。为了更好地打造具有时尚特色的博物馆，中国丝绸博物馆先后与中国服装设计师协会、国家纺织产品开发中心达成了长期战略合作协议，共同引导设计师和服饰面料企业家对博物馆的支持和捐赠，使其与博物馆对品牌的宣传和引领形成良性互动。让时装走入博物馆的殿堂，让博物馆进入时尚生态圈，努力打造具有中国特色的时尚博物馆，使其在服装设计师与教育者之间开辟途径，在时尚产业与文化之间铺设通道，在今天与未来之间架起桥梁，建立博物馆和时尚产业交流与合作平台，共同推动中国时尚产业的发展。

---

1 苏森. 蕴绽——2015年度时尚回顾展 [M]. 香港：艺纱堂 / 服饰工作队，2016：1-2.

参考文献

[1] 曹兵武. 博物馆牵手时尚——"发现·FASHION——2011年度中国时尚回顾展"面面观[J]. 中国博物馆, 2012: 92-96.

[2] 冯荟. 发现·fashion——2011年度中国时尚回顾展[M]. 香港: 艺纱堂/服饰工作队, 2011: 116.

[3] 苏淼. 蕴绽——2015年度时尚回顾展[M]. 香港: 艺纱堂/服饰工作队, 2016: 1-2.

[4] 赵丰. 时代映像——中国时装艺术1993—2012[M]. 北京: 中国社会科学出版社, 2013.

博物馆价值的构建、诠释与传播
——以原创性展览为视角

□许潇笑 杭州工艺美术博物馆（杭州中国刀剪剑、扇业、伞业博物馆）

摘要： 从博物馆与社会的关系来看，展览是博物馆与社会沟通的主要载体，尤其是原创性展览，发挥着公开呈现与诠释博物馆个体价值和办馆理念的作用。博物馆是否在社会现实的意义上实现了其价值，很大程度上取决于原创性展览的构建维度、诠释性与传播性。本文在尝试探讨现代博物馆发展中"价值问题"的基础上，剖析如何通过原创性展览实现博物馆价值、个体价值观的有效输出及其与社会的多维度沟通，包括宏观层面上"展览体系的构建"以及微观层面上"展览策划的要素"，并尝试对博物馆"社会话语权"问题进行思考。

关键词： 博物馆价值；多元化；原创性展览；策划

自20世纪中叶以来，博物馆界在应对整个外部社会的巨大变化时，开始主动或被动地做出改变，"博物馆的价值"这一话题成为解答博物馆"为什么要改变、如何改变"等发展问题的前提性思考。追根溯源，"博物馆的价值"所日益凸显的学术价值，在于博物馆经历的变化及其引起的迷茫、担忧及机遇。一方面，引起迷茫和担忧的变化包括"娱乐化——迪士尼化和爆炸性展览""商业化——追求经营的压力""去物质化——信息和互联网新技术取代实物"[1]；另一方

1　张文立. 关于博物馆核心价值讨论的前提性思考 [J]. 中国博物馆，2013（1）：13-19.

面，起到积极导向作用的变化则是博物馆类型、定位及理念的"多元化"。这样一种"多元化"从"去欧洲博物馆理念"发展而来，并将最终以"以物为导向"的传统博物馆理念的终结为趋势[1]。

虽然相较于西方博物馆，中国博物馆的变革在时间上有所滞后，但整体变化趋势与其是一致的。尤其是近五年以来，有增无减的建馆热，逐渐引起争议的"速成馆""挂牌馆""空壳馆"，以及"千馆一面"，也开始让中国博物馆人对"博物馆的价值"问题有了更多、更深的思考。

一、关于"博物馆的价值"

鉴于多元化的发展趋势，关于"博物馆的价值"的思考需要从两个不同维度来进行：从宏观来看，是由博物馆特定的发源、属性而生的对社会的价值；从个体来看，是在文化多样性视野中，现代博物馆个体价值的内涵及载体的多元化。

（一）博物馆价值的普遍性及其源泉

博物馆的核心是什么？是博物馆的收藏，是遗产，即人类生存及其环境的物证。博物馆要发挥自己的作用，要实现价值与社会使命，就要回到藏品，回到遗产。否则，博物馆就不是博物馆了[2]。

从人类对自身、社会的认知需求来看，结合"收藏"这个博物馆源起的根本，博物馆必须回答"'我们'是谁，'我们'来自哪里"这个哲学命题，因为从某种意义来看，人类对于自然或社会的"收藏本能"，便是基于认识自己的本能需求。收藏或展示的是与自身还是他人相关的内容，都定位于了解"自己"，并在现代社会的发展进

1　张文立. 关于博物馆核心价值讨论的前提性思考 [J]. 中国博物馆，2013（1）：13-19.
2　苏东海. 博物馆的沉思——苏东海论文选（卷三）[M]. 北京：文物出版社，2010：52.

程中，逐步成为发生身份认同、文化认同及政治认同的重要场所[1]。这就决定了博物馆价值具有相对恒定的普遍性，更将随着社会经济的发展，日益发挥关键的作用。

博物馆的这一普遍性价值又来源于哪里呢？"（博物馆与其他机构）在本质上的区别，在于其拥有一个具有真实性的实物收藏，可以用于引导社会的方向以及证实当代的现实；其最为根本的载体就是具体的、具有唯一性的文物或自然物证。"[2]依托于这个"具有唯一性"的"物证"，其所蕴含的历史的价值、文化的价值、艺术的价值，对生活的现状、社会的发展及未来的趋势都有着不可替代的价值。因此，博物馆发挥其普遍性价值的根源始终在于它的"收藏""遗产""物"，无论现代技术如何发展，这是博物馆区别于其他社会文化机构的唯一关键点。在此需要澄清的一个相关误区是，传统博物馆"以物为导向"的理念在逐渐被多元化的个体价值观取代，并不是指抛弃"藏品"这个物的体系，而是指博物馆在研究这一物质文化遗产以期实现其社会功能时，开始采用不同的方式，即"催生出了一种以物质为介质，多元化、重表达的博物馆文化……不同的物质文化研究范式逐步放弃描述性和传统鉴赏家式的视角，转而采纳了多元、互动和情境主义或者历史特定主义的观察立场"[3]。而这一变化的源泉和根基仍旧是博物馆收藏实物的核心价值。

1 兰维. 文化认同：博物馆核心价值研究 [J]. 中国博物馆，2013（1）：20-25.

2 Waidach, F. *Museologie—Knapp Gefasst* [M]. Vienna：Boehlau Verlag，2005：277. 原文为德语，笔者自行翻译，原文如下："ein qualitatives Unterscheidungsmerkmal, muss eine Sammlung von authentisch greifbaren Objekten besitzen, die Orientierung fuer die Gesellschaft einerseits und Beleg der gegenwaertigen Wirklichkeit andererseits sind; das primaere Medium ist also das konkrete und einmalige Artefakt oder Naturarafakt."

3 徐坚. 走出收藏史，走向思想史 [J]. 中国博物馆，2015（4）：1-13.

（二）现代博物馆个体价值观的多元化

"每个博物馆都具有唯一性和独特性。" [1]

据国家文物局于2016年12月27日发布的《2015年度全国博物馆名录》，全国正式登记备案的博物馆共有4692家，其中国有博物馆3582家，非国有博物馆1110家。从主题分类看，涉及历史纪念类、遗址类、艺术类、自然科学类，以及其他各行业专题。中国博物馆事业的建设和发展热潮有增无减，无论是从博物馆类型、办馆主体、陈列理念还是对博物馆社会价值的思考来看，"多元化"都在成为影响着整个博物馆"文化版图"调整的重要因素之一。在这样一种多元化趋势之下，树立能够体现博物馆个体特色的价值观与办馆理念，即体现个体"唯一性和独特性"的差异性定位，或将成为实现个体价值的核心竞争力。这样一种个体价值观的树立应该基于博物馆共性价值基础和源泉——个体博物馆围绕其藏品情况及其对社会的特殊价值，构建一个在多样性博物馆文化中能够凸显个体差异性、具有独属性的文化内涵体系，并通过博物馆特有的传播载体如展览、教育，实现其社会意义。

二、从原创性展览的体系构建，看博物馆价值观的树立

从博物馆与社会的关系来看，展览是发挥博物馆自然、历史、文化、艺术物证资源优势，从而建立起来的一种进行公开的社会与文化遗产直接联系和信息传播的方式，也是发展至今运作最为成熟、参与度最为广泛的方式。公共陈列与展览是目前为止大多数博物馆活动中最受欢迎的部分。在这里，观众与博物馆藏品实现了直接的

1　Waidach, F. *Museologie—Knapp Gefasst* [M]. Vienna：Boehlau Verlag，2005：11. 原文为德语，笔者自行翻译，原文如下："jedes Museum ist ein einmaliger und unverwechselbarer Organismus."

联系。通过各种自然、文化艺术遗产资源而组织起来的展览，尤其是集中体现博物馆个体价值与办馆理念的公开呈现与诠释的原创性展览，发挥着喉舌般的作用。博物馆是否在社会现实的意义上实现了其价值，很大程度上取决于原创性展览的构建维度、诠释性与传播性。

世界著名的博物馆都是以此在公众心目中树立起了独一无二的博物馆文化品牌，而这种品牌效应也持续发挥着巨大的影响力，并为博物馆赢得了话语权。以成立于1870年的美国大都会艺术博物馆为例，其拥有400多个常规展览厅，每年举办约50个特别展览，丰富的收藏和高规格、不断创新的展览，成为其最核心的文化和社会竞争力，使其成为美国乃至世界最重要的艺术收藏、艺术展览及艺术教育机构[1]。当然，这样一个文化品牌的形成，需要日积月累，并从一开始就构建一个完整且符合博物馆个体价值观与文化差异性/特征的原创展览体系。在此维度之下，结合现代社会发展的文化诉求与价值理念，确定每个展览的定位。

以笔者所在的杭州工艺美术博物馆群为例[2]，其基本陈列专题特色鲜明，以文化叙事为主、工艺美术精品赏析为辅（图1），与传统历史文物类综合馆有着显著的区别。然而，对于这个"区别"及馆

1　陈儒斌. 收藏与展览是艺术博物馆的核心竞争力——以纽约大都会博物馆为例 [J]. 中国博物馆，2013（1）：30-35.

2　杭州工艺美术博物馆群坐落于浙江省杭州市拱宸桥桥西、中国大运河沿岸，馆舍均为利用运河沿岸工业遗产建筑改建而成，属全开放式管理的馆群。整个馆群由中国刀剪剑博物馆、中国伞博物馆、中国扇博物馆、杭州工艺美术博物馆四个专题馆构成，总建筑面积37861.9平方米，陈列面积近12600平方米，其中基本陈列展区近10000平方米。馆群筹建背景主要是杭州市政府在基本完成杭州段大运河整治工程以后，提倡对沿岸工业遗产进行保护及再利用。在借鉴国内外各类案例以后，决定依托杭州传统手工艺历史文化特色，打造一个集中展示相关文化的行业专题馆群。中国刀剪剑博物馆、中国伞博物馆、中国扇博物馆于2008年启动筹建，2009年10月建成对外开放；杭州工艺美术博物馆于2010年启动筹建，2011年10月建成对外开放。其筹建主体为杭州市运河综合保护委员会（杭州市运河集团有限公司），杭州市经济和信息化委员会、杭州市工艺美术研究所及杭州市著名老字号（张小泉剪刀、王星记扇业、天堂伞业）配合。

群特有的个体价值与文化特质，仍旧缺乏一定的提炼与明确的定位。这也充分体现在了自2009年开馆至2016年的原创性临时展览体系上（图2）。该展览体系大致依托基本陈列的内容性专题而进行划分，以门类构建而成的展览体系维度较为单一，缺乏个性化的文化特质与价值观的"饱和度"。其相对传统和保守的规划思路，也与当下社会

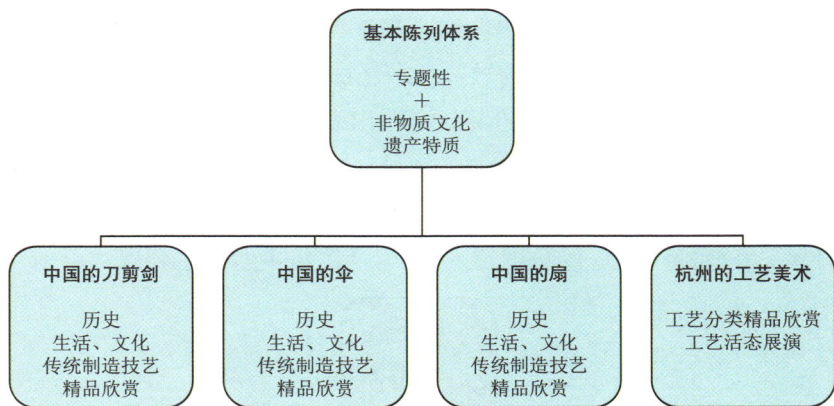

■ 图1　杭州工艺美术博物馆群基本陈列体系

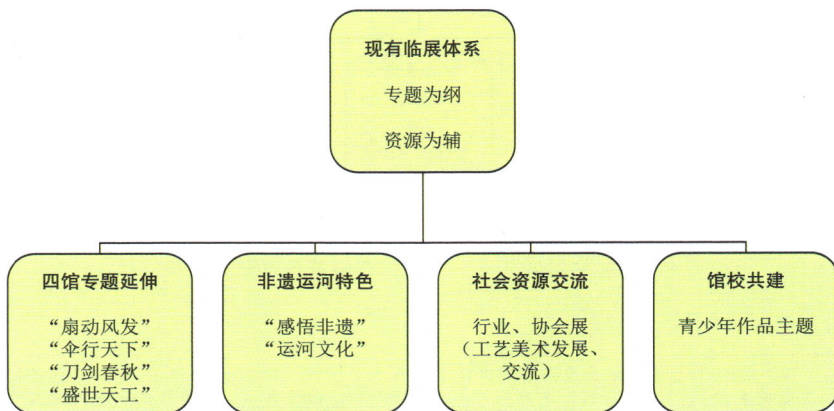

■ 图2　杭州工艺美术博物馆群2009年开馆至2016年原创性临展体系

文化生活的诉求有一定脱节。

　　基于杭州工艺美术博物馆群基本陈列体系及馆藏定位，如尝试剖析其个体价值与文化特质，可以发现以下关键词与核心概念："人"——工艺美术大师、非遗传承人、民间工艺艺人；"生活"——从以前的生活到现在的生活物件（传统和民俗）；"艺术"——现代工艺美术及现代设计审美下的艺术文化；"历史"——中国及国外刀剪剑、伞、扇专题历史文化。结合当下社会文化诉求，诸如"回归自然和传统文化""美育的需求""匠人精神"等[1]，对原创性临展体系进行优化（图3），从系列的重新定位出发，其中的每个原创展览都可以有更为开放、更接地气的策划导向，更为关键的是，能更好地凸显博物馆群落独有的文化特质。其中，"大师主题"系列从更容易引起关联感的"人"的角度切入；"生活民俗主题"系列以"以前＋

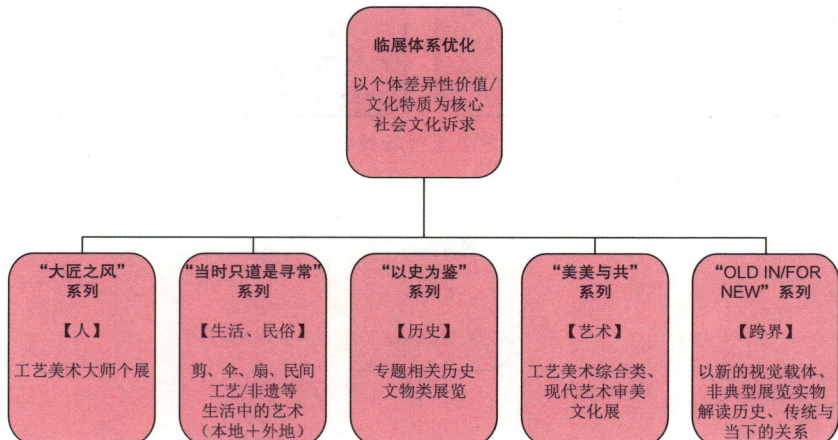

　■ 图3　杭州工艺美术博物馆群临展体系优化构思

---

[1] 从关键词网络搜索的热度来看笔者提出的这些关键词，以2016年8月17日的搜索时间为基点，"回归自然"可找到相关结果约21500000个，"回归传统文化"可找到相关结果约6970000个，"匠人"可找到相关结果约31600000个。而同期最为特殊的集中关注点"奥运会"，可找到相关结果约86500000个，这可以在一定程度上说明当下社会文化诉求的情况。

现在"的生活为切入点，"本地＋外省"的地域文化为主题，构建一个身份认同多元化的视野；"跨界"系列强调结合社会当下最新的热点及展示/传播载体，重点解读传统与当下的关系，在引起公众共鸣的同时，促进博物馆与社会的多维度联动和沟通。

三、从原创性展览的策划要素，看博物馆价值观的输出

从单个原创展览的执行构架来看，策划的不同要素都影响着博物馆个体价值观的自我表达力、传播力与有效输出。随着社会对文化诉求在丰富性与视觉性上的不断提升，博物馆的展览策划需要从各个方面来进一步思考提升的方向与方式。

（一）策划角度："多元化的方法论与学术语境"

中国的博物馆由于丰富的历史性物质遗产基础，历来有着以精品文物及历史学为主导的展览策划传统。"陈列内容的模式化"造成的陈列展览的同质化、"千馆一面"[1]，使得博物馆在社会公众面前一直处于一种缺乏吸引力的尴尬境地。因此，实现不同博物馆个体差异性文化特质的展览策划，不仅是多元化及符合自身主题内涵的内容，而且是需要尝试多元化的方法论与学术语境，即除了历史学视野以外，文化学、民俗学、人类学、艺术学、社会学乃至哲学，都可以并且应该为博物馆人在展览策划中所用，从而让展览呈现出不同的叙事视角和逻辑。在强调展览"故事性"与"故事线"的同时，只有从不同的方法论、多元的叙事性角度出发，才能有"不一样的故事"，从而避免陷入"老掉牙"的尴尬境地。以笔者所在的杭州工

1　黄亦兵. 关于博物馆陈列同质化现象的分析与思考 [M]// 中国博物馆协会，中国文物报社. 回眸·创新——全国博物馆陈列展览学术研讨会论文集. 南京：译林出版社，2014：62-64.

艺美术博物馆群的原创性临展为例，由于建馆时间较晚，馆藏资源和文物研究能力薄弱，因此，在展览选题和策划角度上，更多地选择了非历史线性的叙事模式。例如，"青出于蓝——传统蓝印花布艺术展"以印染技艺和纹样的民俗及艺术分析为主线；"点蜡成纹——贵州蜡染艺术展"从蜡染区域分布及纹样分析的民族学角度来切入；"西渐的中国风——外销工艺扇及现代扇艺艺术展"在外销历史与文化的语境下，聚焦于西洋工艺扇的工艺与艺术特色；"光影传奇——海宁皮影展"与"丝情偶意——泰顺提线木偶艺术展"则选择了大众喜闻乐见的题材，以表演艺术作为突出亮点。

（二）设计角度："视觉文化的消费时代及其传播性"

绝大多数博物馆展览在特定空间、时间内进行有序、有目的的视觉传达。其传播力在很大程度上取决于展览"设计"对内容的现场表达力。因此，在一个视觉文化消费的时代，如何有效地实现博物馆价值及价值观的自我表达，作为核心载体的展览设计就显得尤为重要。

1. 从"形式设计"到"视觉设计"思考维度的转变

博物馆陈列展览的基本组织方式一般可分为内容设计、形式（艺术）设计、制作施工、布展。其中形式（艺术）设计是借用视觉表现手法，将陈列主题内容的理念和意图转化为一种可视形象的创造性行为，涵盖了美学、心理学、视觉艺术、营销学等多学科知识，并需要符合一定的审美要求[1]。在实践中，更倾向于将陈列展览主题与内容的"形式"作为工作的主要对象，包括展示空间的形式、展柜的形式、展品的陈列形式、图版系统的形式等，因此，"形式设计"也成为一种统称。

1　徐乃湘. 博物馆陈列艺术总体设计 [M]. 北京：高等教育出版社，2013：32.

　　然而，如果我们从上述定义出发，则博物馆陈列展览的形式（艺术）设计的核心是"可视化"，是一种应该更倾向于从主体观感而非客观设计对象出发的实践工作，强调"视觉体验"的实现。因此，在思考维度上，如果将陈列展览的"形式设计"转变为"视觉设计"，从"客体的设计对象"转变为"主观的视觉体验"，也许更加有助于从加强陈列展览"传播性"的角度、和社会相关行业共同进步的角度[1]，去思考"什么是好的陈列展览设计"这个问题。在杭州工艺美术博物馆群临展系列的实践中，从展览视觉体验和观展感受的角度，我们逐渐摸索并归纳了相对独立的展览视觉设计内涵，并以此为纲，展开各个临时展览的设计实践（图4）。

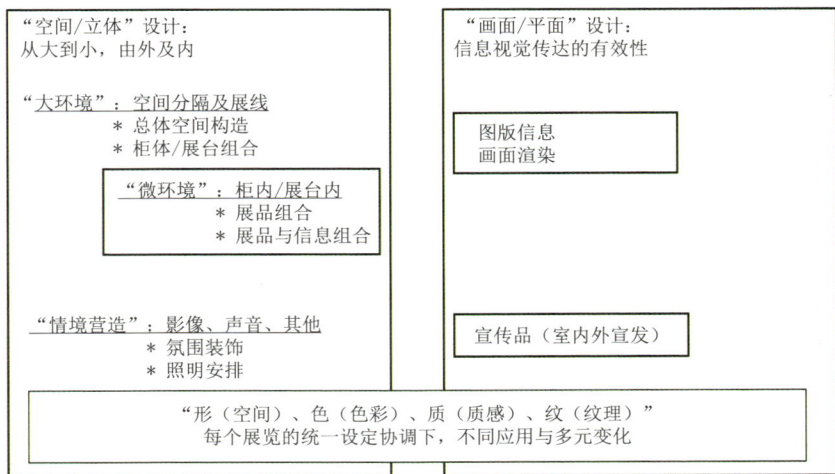

```
┌─────────────────────────────┐  ┌─────────────────────────────┐
│ "空间/立体"设计：             │  │ "画面/平面"设计：             │
│ 从大到小，由外及内            │  │ 信息视觉传达的有效性          │
│                             │  │                             │
│ "大环境"：空间分隔及展线      │  │   ┌─────────────────────┐   │
│   ＊ 总体空间构造            │  │   │ 图版信息            │   │
│   ＊ 柜体/展台组合           │  │   │ 画面渲染            │   │
│   ┌─────────────────────┐   │  │   └─────────────────────┘   │
│   │ "微环境"：柜内/展台内  │   │  │                             │
│   │   ＊ 展品组合         │   │  │                             │
│   │   ＊ 展品与信息组合    │   │  │                             │
│   └─────────────────────┘   │  │                             │
│                             │  │                             │
│ "情境营造"：影像、声音、其他   │  │   ┌─────────────────────┐   │
│   ＊ 氛围装饰               │  │   │ 宣传品（室内外宣发）  │   │
│   ＊ 照明安排               │  │   └─────────────────────┘   │
└─────────────────────────────┘  └─────────────────────────────┘
┌───────────────────────────────────────────────────────────────┐
│   "形（空间）、色（色彩）、质（质感）、纹（纹理）"              │
│   每个展览的统一设定协调下，不同应用与多元变化                  │
└───────────────────────────────────────────────────────────────┘
```

■ 图 4 展览视觉设计内涵

1　从现代设计专业的角度来看，视觉（传达）设计是指依据特定的设计目的，对信息进行分析、归纳并通过文字、图形、色彩、造型等基本要素进行设计创作，是将可视化信息传达给受众并对受众产生影响的过程，是通过视觉媒介现传达给观众的设计。它是"给人看的设计，告知的设计"，一般可以归纳为"谁""把什么""向谁传达""效果、影响如何"四个程序。这样的专业分析应用，在现在的博物馆陈列展览设计中还未能真正实现。

2.视觉设计的另一种"传播性"

陈列展览的视觉设计，由于其服从展览主题与内容的特殊需要，以及中国博物馆的特殊发展历程[1]，长期以来，都以抽象的、理性的、客观的信息传递为主要设计目标。这似乎陷入了一种将教科书"立体化"的误区——理智的、逻辑严谨的抽象思维成为陈列展览的核心沟通方式与观展体验。然而，作为艺术设计工作，陈列展览的视觉设计的核心品质，应该在于其以画面、图像、色彩、质感等直观形象为主构成的形象思维与体验方式，去"打动人"，实现一种多元化的"传播"——关于主题内容的"美的传播""情感的传播""情境的传播"等，从而让观众对展览的主题产生一种自发的共鸣或思考。通过视觉的设计，需要达到的目标不应该仅仅是围绕某种知识，更应该是通过营造一种可以取消"舞台"与"观众"之间界线的情境，去表达、阐释、传播一种观念。

从展览"二次传播"的角度看，一个优秀的展览视觉设计可以起到关键作用。当代社会文化多元发展的一个突出共性，就是"审美"需求的快速增长——"颜值"成为一个社会关注且应用日益广泛的关键词。同时，随着互联网移动终端的迅速发展与普及，视觉内容的传播达到了前所未有的广度与速度。这都说明，在当代社会文化生活中，视觉体验成为文化体验最为普遍、快速的一种方式，同时也在观展方式中占据了绝对的主导地位。在这个环境之下，陈列展览的视觉设计成为走近大众的第一把钥匙，也可以使一个实体展览获得其他文化载体所没有的独一无二的品质与吸引力。

以杭州工艺美术博物馆群原创性临展实践为例，个别展览突出

1　中国博物馆陈列内容在不同历史发展阶段经历了不同的模式变化。从 20 世纪 80 年代开始，随着学术专业色彩的日益浓厚，形成了一种以文物为载体、以考古学为主要学科支撑的新模式，注重传达文物信息的科学性、系统性和准确性。黄亦兵 . 关于博物馆陈列同质化现象的分析与思考 [M]// 中国博物馆协会、中国文物报社 . 回眸 • 创新——全国博物馆陈列展览学术研讨会论文集 . 南京：译林出版社，2014：62-64.

主题个性的视觉设计，强调空间视觉体验的情景营造，给观众留下了深刻印象[1]。在"雕刻人生——郑胜宁黄杨木雕艺术展"中，展览空间设计在总体简洁的线条处理上，通过造型台与展柜、柜内的积木与展品的有机组合，利用透视的视觉效果，营造出一种"景中景"的别致感，并在最后的高潮部分大胆采用了美术馆式的全裸展方式，将36件体量相对一致但主题造型各不相同的展品一字阵列式排开，极具视觉冲击力与环境氛围营造感（图5）；在"青出于蓝——传统蓝印花布艺术展"中，概念式浓缩场景、大型"观赏灯光箱"、展品全立面及阵仗式排列，打破了传统临展单一扁平的柜体化陈列模式（图6）。在"外婆送我花背带——广西少数民族妇女儿童服饰展"中，以"温暖的家"为设计核心概念，以隐喻广西山地少数民族自然地理环境的"竹"为主材，将服饰类展品置于一个个"竹屋"中——"观展"更像是一种进入少数民族家里去做客的"情景化＋参与式"的行为（图7）。

■ 图 5　"雕刻人生——郑胜宁黄杨木雕艺术展"实景

■ 图 6　"青出于蓝——传统蓝印花布艺术展"实景

1　在展期间发放的观众访谈问卷中均有观众留言，表达对展览设计的好感与肯定，见杭州工艺美术博物馆群官网（www.hzacm.com）发布的相关观众调查报告，相关展览信息及展厅实景也可在官网中查询。

■ 图 7 "外婆送我花背带——广西少数民族妇女儿童服饰展"实景

（三）参与方角度："打破'圈子'与参与社会"

在社会化分工日益精细化和专业日益突出的今天，一个展览的举办并不是一个博物馆就可以包揽的，从展览设计制作的外包开始，展览的内外合作成为主流，并且是博物馆参与社会发展、文化建设并进行深层次联动的重要途径。一方面，就展品资源的甄选和组织而言，可以尝试打破既定"圈子"，突破传统展览以"精品文物"和"馆藏资源"为价值判断准绳的局限，以展品艺术与文化价值的综合判断为甄选标准，在馆藏资源的基础上，整合馆际、社会研究和相关收藏、管理机构资源，扩大展品甄选的范围，加深展品组织的社会化程度，并提升博物馆在社会文化事业发展中资源整合和平台展示的价值和职能。另一方面，新技术、新媒体、新材料、新工艺的接纳与学习，也可以在和多类专业设计、传播平台或机构的合作中进行尝试，让博物馆展览摆脱"落伍""死板"的标签，在赢得社会关注的同时，跟上社会文化诉求的发展步伐。

当然，在这个与社会联动的实践过程中，需要时刻做到博物馆的"自主与主导"，即博物馆应有意识、有能力在过程中发挥主导作用，引导整个由内部与外部、不同专业背景共同构建的团队，去实现展览策划所要表达、呈现和阐述的观点与立场，并对展览内容的科学性、展品的真实性与相关价值的判断履行绝对的自主责任。

（四）受众方角度："优质观众"和"文化品牌的传播"

"博物馆价值的主体是社会大众……但是我们博物馆的主体——博物馆的服务对象并没有很好地理解博物馆的这些特征……大众素质和社会发展还没有到需要普遍参观博物馆的阶段，即便博物馆免费了，把观众忽悠来了，他也不会认真看，造成博物馆资源和观众时间的浪费……我们现在更多的观众到博物馆里只能是看稀奇而不是认知与体验；都有博物馆参观质量降低的严峻问题……面对中国博物馆事业的发展，博物馆人要保持清醒。"[1]这是苏东海先生在2007年的一次访谈中谈到的。如今，这种状况，并没有得到很好的改善[2]。

不可否认，从长期来看观众素质与博物馆文化普及会逐渐提升，但是面对基于经济发展的不平均化而形成的文化素质及需求的不平均化和多样化，已经全面实现免费对外开放的中国博物馆需要进行更多的思考——如何在个体价值观、文化特质和资源优势的基础上，对自身的观众进行相对精准的"个性化定位"，以现阶段培养"优质观众"为目标，实现博物馆"文化品牌"的树立与传播，再以点及面地带动对更广泛群体的影响。所谓的"优质观众"，是指已经对博物馆内涵及功用有一定认知度和认可度，并与博物馆个体文化特质和价值观较为一致的受众群体。以此来设定展览的"门槛"，可以较

1　苏东海. 博物馆的沉思——苏东海论文选（卷三）[M]. 北京：文物出版社，2010：49.
2　2015年关于改造后重新对外开放的上海自然博物馆的许多开放式场景遭到损害的报道，以及2016年关于上海玻璃博物馆一件裸展艺术品遭到破坏的报道，都在社会上引起了较大反响。

为显著地提升展览及博物馆文化品牌的传播质量。这个"门槛",不仅可以是现在开始逐步推出的特展收费政策,即以经济收入与消费偏向作为"优质观众"的筛选标准,还可以是展览策划的选题与切入点、展品的类型、设计的风格等,在保证展览特色与个性的基础上,对文化体验多元化需求进行回应。现下需要的不是"大而全"的"平均主义",而是"各取所需"的"合适性原则"。

四、对博物馆"话语权"的思考

博物馆对于人类社会的价值是毋庸置疑的,然而如何发挥,则需要博物馆人在考虑如何融入社会、提升自身接纳度的同时,进一步思考关于"话语权"的问题。在很长一段时间里,出于各种原因,博物馆被置于一种"闭门造车"的境地之中。经历了20世纪的巨大变化后,博物馆开始意识到需要改变,并开始跟随社会的发展而变化。然而,相对被动的"追赶"也使得博物馆及其主要"社会产品"——"展览",面临"低龄娱乐化"乃至成为大众娱乐"附庸"的倾向。在这样一种情况之下,首先要明晰自身的价值和价值观。有了明确的方向指引和坚持后,打开视野,采取开放与融合的态度,去关注社会并赢得关注,同时进行有意识的、主动的引导,才能从真正意义上实现和体现博物馆的普遍性价值。

在英国博物馆协会《博物馆可及性职业道德规范——英国博物馆协会关于博物馆可及性的思考》中,有这样一段描述:"博物馆通常扮演的角色是正式肯定某一公认观点,但博物馆应逐步转变为公众讨论和检验新观点及非主流观点的平台……为避免产生误解,博物馆必须清晰地告知观众哪些是非官方意见,并为观众提供表达不同看法的机会……博物馆需建立多种伙伴关系,并平等地对待合作伙伴。"[1]其所表达与阐述的是一种博物馆作为"平台"的概念，以及中立、客观、开放、包容的平台性质，这是让博物馆获取社会话语权的方向，也是博物馆人在原创性展览之外首先需要考虑的，即摆脱"为了展览而展览"的闭塞的思维状态，转向"通过展览去沟通和参与"的出发点与立场。

参考文献

[1] Waidach, F. *Museologie—Knapp Gefasst* [M]. Vienna: Boehlau Verlag, 2005.

[2] 黄亦兵. 关于博物馆陈列同质化现象的分析与思考[M]//中国博物馆协会，中国文物报社. 回眸·创新——全国博物馆陈列展览学术研讨会论文集. 南京：译林出版社，2014：62-64.

[3] 李慧君. 博物馆可及性职业道德规范——英国博物馆协会关于博物馆可及性的思考[J]. 中国博物馆，2013（1）：94-95.

[4] 苏东海. 博物馆的沉思——苏东海论文选（卷三）[M]. 北京：文物出版社，2010：52.

[5] 徐坚. 走出收藏史，走向思想史[J]. 中国博物馆，2015（4）：1-13.

[6] 徐乃湘. 博物馆陈列艺术总体设计[M]. 北京：高等教育出版社，2013：32.

[7] 张文立. 关于博物馆核心价值讨论的前提性思考[J]. 中国博物馆，2013（1）：13-19.

1　李慧君. 博物馆可及性职业道德规范——英国博物馆协会关于博物馆可及性的思考[J]. 中国博物馆，2013（1）：94-95.

中小型博物馆原创性临时展览运作的实践与思考

——以"临安人的一天——杭州民间收藏的南宋器物展"为例

□张必萱，周舒宁　杭州南宋官窑博物馆

摘要： 临时展览是现阶段博物馆开放工作中的重要组成部分，在全国博物馆的运行评估标准中，针对各个级别的博物馆的临时展览均有定性与定量的考核，而对打造原创性临时展览的考核更是重中之重。对展览资源与策展能力都较为有限的中小型博物馆来说，打造高品质的原创性展览是推动博物馆发展的必然因素，但在这方面也同样面临着很多亟待解决的问题。本文以杭州南宋官窑博物馆于2016年年初推出的原创展览"临安人的一天——杭州民间收藏的南宋器物展"为例，探讨临展工作开展中可以借鉴的一些做法，并提出当前面临的现实问题，以期找到更好的解决方法。

关键词： 原创；临时展览；中小型博物馆

"原创性临时展览"在博物馆界是一个热门的话题，是衡量一个博物馆办馆水平的重要标准之一。在国家级、省级精品展的评审中，除去固定陈列外，也仅有"原创性临时展览"符合参评要求。对于中小型博物馆来说，这既是机遇又是挑战，既能抛开已有展陈的硬件条件制约，展示自身的办展理念与实力，又必须面对自身资源与能力的不足可能给展览运作带来的制约。因而，我们需要对"原创性临时展览"建立一个全面的认识，并从大量尝试中，提取积极有益的做法，寻找适合中小型博物馆的原创性临时展览策划实施的发展方向。

一、原创性临时展览的定义与分类

目前，博物馆界对"原创性临时展览"没有明确的定义，是因为对如何定义展览的"原创"二字，众说纷纭。

原创是指独立完成的全新创作，而不是由复制、改编、剽窃、模仿、抄袭、二次创作，或系列生成的衍生作品。仅从词义上来看，"原创"其实是一个非常严苛的定义。事实上，博物馆研究者对"原创性展览"有约定成俗的解读，他们将多种展览形式区别考量，要求相对宽松，原创性主要体现在展览策划的知识产权上，与展品的实际所有权关联不大。中国国家博物馆的侯春燕曾对此下过定义："（原创性展览）是指由展览展出方通过自主研究、策划和组织设计完成的，以具有藏品价值和特性的图片、实物为展示对象的展览，具有独创性、科学性和适用性等特征。"可见，"原创性"在博物馆界的策展理念中，即为"自主研究、策划和组织设计完成"。通常意义上来说，只要文案撰写与形式设计等展览相关部分为原创，展品归属不论，即可被认定为展览主办方的原创性展览。在这一认识上，再加入"临时展览"的概念，原创性临时展览即自主研究、策划和组织设计完成的短期专题展览。

根据展览主办方在展览运作中所发挥作用的不同，可以将原创性临时展览分为几个类别。第一类是纯原创临时展览，即展览选题、文案、设计及后续的运作均由主办方独立完成，展品来源于主办方的藏品，或者由其自行向一家或多家博物馆、文化机构或民间征集组合。这类展览的定性与展览展出的场地无关，也包含对外输出的临时展览。另一类可以被称作半原创临时展览，一般是引进展览，引进方利用输出方的展品资源，重新编撰陈列大纲，以新的形式呈现出来，大多也能划入原创展览的范畴。在这类展览中，比较典型的是各类境外展览的引进，对这类展览需要进行适应性的改造。当然，除了这两大类之外，仍然存在一些很难界定其原创性的展览，如多家主办单位利用已有展览资源整合而成的展览、展览结构相近但展品不同的展览、非常规藏品类的展览等，至今也没有明确的划分准则。本文主要研究的对象为前两类——纯原创与半原创的临时展览。

二、中小型博物馆运作原创性临时展览的意义

对于博物馆来说，打造原创性临时展览并不是为了上交一份体面的成绩单，其主要目的应在于更好地实现博物馆的教育、展示功能，发挥博物馆服务公众的作用。而对于中小型博物馆来说，这方面工作的意义更为重大。

（一）丰富博物馆的展陈内容，增加博物馆的吸引力

如何划分中小型博物馆与大型博物馆？这是一个涉及馆藏情况、场馆建设、学术能力、功能分区等多方面综合定位的问题。但从观众的视角来看，中小型博物馆有两个定量的标准，一是藏品数量少，二是展陈规模小。所以，这样的博物馆势必在展陈上不如大型博物馆有吸引力。以杭州南宋官窑博物馆为例，馆藏品以南宋官窑目前已知两处遗址的出土修复器为主，基本上为陶瓷类文物，从品类上来看并不丰富。2010年10月，杭州南宋官窑博物馆新的临时展厅落成，从此该馆更加重视原创性临时展览的打造，至2016年年底，共举办各类临时展览27个，涵盖陶瓷类、金银器类、铜器类、综合类、艺术品类等多个类别。这一系列临时展览的成功举办，使得博物馆

的展陈不断有新亮点出现，吸引观众多次到馆观展。2016年的博物馆常规问卷调查数据显示，51%的观众表示不止一次到杭州南宋官窑博物馆参观，这其中临时展览与教育活动发挥了重要的作用。同时，在原创性临时展览的选题中，也首选与陶瓷文化及南宋文化相关的主题，这成为博物馆固定陈列的有益补充。目前，博物馆每年至少举办一次原创性展览，逐渐树立起具有自身特色的临展品牌。

（二）深化博物馆自身的纵向研究，加强博物馆之间的横向联系

当我们说到原创性临时展览时，首先考虑的是整合本馆资源，这样不仅可以在馆内展出，还能打造成为对外巡展，一举两得。但就杭州南宋官窑博物馆而言，馆藏不过四千余件，且品类单一，临展打造必然受限。藏品资源骤增的可能性不大，这就要求博物馆不断进行研究。这样的研究包括：建立在馆藏基础上的器物学研究，基于展陈背景的历史学研究，以博物馆开放工作为对象的博物馆学研究，加上考古、自然、艺术等多个领域的拓展，也能使有限的资源创造出无限的可能。

需要承认的现实是，对于中小型博物馆来说，由于自身馆藏资源不足，打造临时展览大多还是需要借助外力。而原创性临时展览并非简单的复制粘贴，直接引进成熟的巡展固然省心省力，但除非展品过硬、抢眼，不然缺乏个性与特性的展览观众并不买账。所以，这里所说的博物馆之间的联系不单指展览资源的共享，更多的是藏品信息和展陈理念的共享，进而建立起博物馆间的联盟。例如，杭州南宋官窑博物馆曾在2010年推出原创展览"清雅——南宋瓷器精品展"，联手故宫博物院、中国国家博物馆、天津博物馆、福建博物院、江西省博物馆、浙江省博物馆、浙江省文物考古研究所、杭州博物馆、吉安市博物馆、湖州市博物馆和丽水市博物馆等国内十余家博物馆，整合南宋时期精品瓷器130余件/套、代表窑口出土的瓷

器标本精品200余片/件。在此次展览成功举办的基础上，杭州南宋官窑博物馆在2012年进一步推出"宋金瓷话——五馆馆藏瓷器精品展"。这是一个集合了国内五家窑址型博物馆珍贵藏品而成的原创性展览，由杭州南宋官窑博物馆牵头策划，耀州窑博物馆、磁州窑博物馆、龙泉青瓷博物馆、慈溪市博物馆协力提供展品与素材，并在此基础上成立了"中国古窑址博物馆联盟"，馆际关系更为密切。

（三）新观念、新技术、新方法，推动博物馆的升级与转型

中小型博物馆原本是博物馆以规模进行分类时的一个类别，却在发展中成了部分博物馆身上的一个标签。例如，我们观察历年的全国博物馆陈列展览精品展的获奖名单，可以发现几乎没有所谓的中小型博物馆的临时展览入围。中小型展馆背负的是"展品不多""规模不大""没有国宝""社会影响力小"等各式各样的包袱。

当我们重新审视原创性临时展览的概念时，可以发现它并没有对展品的等级甚至展品的归属提出要求，它强调的是展陈的理念、实际操作的方法与展览效果。不少博物馆通过原创性临时展览上的突破扩大了博物馆的社会影响力，其中值得一提的是绍兴博物馆主办的"兰亭的故事"。该展采取了新的原创性展览的形式，展出展板120块，由故宫博物院复制的历代《兰亭序》摹本、临本约50件，展览承办方的相关藏品10件左右，系统展示了历代有关《兰亭序》的书法技术。展览自2013年5月至2016年7月，已在全国29家博物馆展出，展出面积也从150平方米到1000平方米不等。这样一个实物展品少、场地适应性强的非典型展览，通过展陈理念的进步，弥补了藏品资源的不足，大获成功[1]。

在这类原创性展览展出的过程中，鲜有观众去关注展览主办方

1　浙江省博物馆展览交流信息平台。

是一个多大的博物馆、有多少藏品、在本地出不出名等问题，而是会进一步产生对展览本身的好奇。通过成功的原创性临时展览打响招牌的博物馆，便能够摆脱"中小型博物馆"这样的标签，进入一个更广阔的发展空间，成就博物馆的转变。

三、原创性展览的实践——以"临安人的一天——杭州民间收藏的南宋器物展"为例

2016年1月22日至5月3日，杭州南宋官窑博物馆推出原创展览"临安人的一天——杭州民间收藏的南宋器物展"。该展览展出的三个月中，参观人数近十万人次，直接参与展览相关配套活动的观众逾千人。此次展览在文本编撰、形式设计、配套活动、宣传方案等多方面均有可取之处，同时也存在问题，在此做概括介绍与反思，希望能为同行带来一些启示。

（一）主题与展品选择另辟蹊径

南宋主题是近年来业界展览的热点题材，其中最受关注的应当是2010年在台北故宫博物院展出的"文艺绍兴——南宋艺术与文化特展"，以及2015年在浙江省博物馆展出的"中兴纪胜——南宋风物观止"。这两个展览均是精品展，集合多家博物馆珍贵藏品，旨在展示南宋精致优雅的特质。展览中展出了不少来自宗室仕族收藏品及生活器用的名家画作、官窑瓷器、华贵首饰等，提炼出了南宋的文化精髓。

此时与浙江省博物馆同处一城的杭州南宋官窑博物馆，也几乎同时在策划一个南宋主题的展览——"临安人的一天——杭州民间收藏的南宋器物展"。如何做出自身的特点，是展览策划中一直需要考虑的问题。大而广的视角显然对展品要求很高，展览的体量也

超越了中小型博物馆的承受极限，因而博物馆决定选取一个小而近的切入点，将展览设定为平民化、世俗化、人文化的集合，并取名为"临安人的一天"。同时，借助杭州人特有的南宋情结，依靠本地藏家的力量，广泛征集展品，而历史的细节也正是在他们的收藏与研究中呈现出别样的生机与活力的。展览共征集到各类收藏品400余件/套，经浙江省文物鉴定中心专家们的鉴选，共展出展品240余件/套。其中，不仅有公立博物馆中常见的瓷器、金银器、铜器等，更有封泥、陶塑、带墨书的瓷片等一些富有生活气息的独特收藏品。这种与民间收藏家联动的做法，不仅弥补了专题型博物馆馆藏文物的局限性，还让民间藏家收藏的器物有了展示的窗口。这些展品在这个贴近生活的展览中发挥了巨大的作用，也让展览的策划有了坚实的基础。但是，业界对与民间收藏力量合作的度的把握其实是有争议的，此次展览的展品虽然经过了鉴定与筛选，但由于研究不足、认识有限，仍然在展出时收到了不同的意见。文化的普及，将使得社会力量介入博物馆成为一种趋势，但以什么样的态度与方式去接纳这样的力量，的确还需要进一步的摸索。

（二）文本编撰兼顾专业性与故事性

在展品基调确认、展品基本落实的前提下，此次展览进入文本撰写阶段。展览将时空定格在八百年前临安城内的某一天，试图以当时普通百姓的视角与情怀去体会日常生活的方方面面，以市井风情与当今普通观众喜闻乐见的事物对接。于是，在展览中特意设计了一对小夫妻——宋潇洒和宋王氏桂花，赋予他们一定的身份和生活背景，让观众跟随他们一天的行程和足迹步入昔日繁华而富足的临安城。展览以时间为线索，分为六个单元，并以宋代词牌名来命名每个单元：第一单元"钗头凤"（妆容篇），主要展示南宋女子晨起梳妆打扮的细节；第二单元"绕佛阁"（佛事篇），主要说明宗教文化在南宋的发展情况；第三单元"将进酒"（饮食篇），主要展示饮食文化的特点；第四单元"少年游"（闲乐篇），主要表现当时充实有趣的娱乐活动；第五单元"御街行"（商业篇），展示商品经济的发展状况；第六单元"红窗影"（雅集篇），重点表现文人的雅致生活。根据这六个生活场景，串联起一对夫妇的一日行程，形成一个具有故事性的整体。

展览希望通过文案的编写，实现展品本位与观众本位两种不同策展方向的平衡。一方面对展品进行研究，发掘展品背后的历史文化底蕴，建立与展览主线之间的联系；另一方面通过对主线故事的编写，创造展览的趣味性与可观赏性。这样既保证了博物馆的专业性，又抓住了观众的兴趣，一举两得。但从实际效果来看，预先的构想仍然留有遗憾。例如，为了表现两种展览思维，制造了过多的信息量与文字量，使得所谓的两条主线不甚明朗。此外，在观众心理的把握方面，还是缺少前期的调研，因而表现得过于主观。这是目前博物馆在策展中遇到的一个相对普遍的困局，也是策展理念转变中需要经历的一个过渡阶段，而让观众喜爱又不失文化传承的初衷的实现，才是博物馆办展览的奋斗目标。

（三）形式设计贴近宋代文化主题

展览效果的最终实现必须借助于形式设计，因而我们也在场景、展板、宣传折页、图录，甚至一些辅助的标志、展品托架的设计制作中下了一番功夫，以期在理解南宋文化的基础上，确定整个展陈的展示基调和设计方案。宋代是个"文治"的时代，南宋"中兴"之后，物质的富足，带动了精神层面的进一步提升。士大夫阶层的生活品位影响了各个阶层，造成南宋社会普遍追求"雅"文化的局面，很多物件的审美朝"秀美""雅致"的情趣发展。此次展览就契合了这样一个文化背景，因此"宋风"便成为此次展陈的设计风格取意。我们希望通过形式设计的辅助，将宋代细腻淡雅的古典韵味与环境、造型、色彩等融合，更具象、有序地将其传递给观众。

此次展览根据展厅布局的总体构思，利用展墙及单元说明对展厅进行了分割，在1000平方米的空间内形成了四个相对独立的展示区域。为了让文物鲜活起来，我们根据主题内容，采取层层递进的手法，沿着展线营造了几个高潮点，让每一部分都有吸引观众的看点，使整个展览有起有伏，重点突出。这些场景的展现，不仅是为了烘托气氛，还是为了表现意象，让观众置身于特定的历史文化中，自然而然地去感受宋代历史与文化的丰富内涵。同时，我们设计了四种尺寸的正方形及长方形展板，以仿宋山水画卷作为底纹，配图选取能够全面体现当时各个阶层生活状态的代表性宋画的局部来展现生活的细节，并以文字加以说明，达到画中有画的效果。

整个展陈设计最大的亮点是进门处的造景，序厅主体被设计为高度近3米的木亭造型，下设清水平台，简洁淡雅。我们认为，"亭子"表现的是自由、质朴和简约，其艺术品格则象征着"隐士君子"的人生目标与审美追求。这恰与我们想要体现宋人那种恬静淡泊品格的初衷相契合。我们将一座意象化的亭子放在如此醒目的位置，使其不仅成为空间上的艺术点缀，更成为一种展览理念的传递。但这个意向化的符号转变为具象的造景，成了设计中最大的争议点，甚至有观众在看后，直接给出了"不伦不类"的评价。亭子的造型的确不完全符合宋代的形制，似乎也偏离了展览中呈现的富足充实的城市生活状态，再论及宋人品格难免会有牵强附会的感觉。

这是展览形式设计中的确会存在的一种状态，策展人员做展览时是根据展览内容来决定形式的，但观众看展览是由形式效果来理解展览内容的，信息传导方向性的不同，很容易产生认知上的误差，因而形成了上述造景的遗憾结果。此外，写实派的形式设计有操作上的难度和审美上的不协调，展具与布景很难实现真正的还原，所以设计师更愿意去设计意向化的符号，但其中的分寸并不容易把握。将艺术角度的抽象与意象转化成大众认知中的美，在实际操作中困难重重。

（四）配套活动形式新颖多样

为了提高展览的观赏性与参与性，我们设计了两个贯穿展览的活动项目：一是"南宋风情系列讲座"，展现展品背后的故事，涉及南宋餐饮文化、城市建设与布局、历史小常识等，让观众能进一步了解展览所处时代的背景、风尚，四场讲座通俗易懂，广受欢迎，场场满座。二是通过和中国杭帮菜博物馆的互动，推出"品南宋菜，观展览，送陶艺优惠券"活动。这也是我们首次尝试在展览期间与行业博物馆合作，形成良性的馆际互动。此外从3月起，随着天气渐渐转暖，我们推出两场"临安show——潇洒&桂花带你看展览"（以下简称"临安show"）新概念展览解读活动，采用cosplay[1]的形式，在展厅中生动演绎"临安人的一天"的故事。我们还根据展览文案中的游线，与杭州西湖世界文化遗产监测管理中心合作，以"让我们去踏春"为主题，带领观众走进杭城，走进西湖，寻访南宋遗迹。这一系列活动的举办，均免费面向公众招募参与，反响热烈。

依托临展开展配套活动，也是我馆在发挥社会教育职能中的亮点。不同主题、不同形式的活动不断推出，适合各个阶层的观众参与到博物馆的活动中去，使得博物馆更具有吸引力。应当意识到的问题是，上述活动中的"临安show"与古迹寻访活动虽然都相当受观众喜爱，但活动周期都仅仅为展览进行的3个月。其中，"临安show"在闭展之后就失去了活动开展的场地与背景，而古迹寻访在没有展览依托后，也丧失了号召力，都没有再次组织的机会。为了

1　cosplay，英文 costume play 的简略写法，一般指利用服装、饰品、道具及化妆来扮演动漫作品、游戏中的角色。

切合临时展览的主题，这一系列的活动缺少与博物馆自身的关联性，也很难整合成为一个整体，在可操作性与推广性上都有欠缺。

（五）宣传推广多渠道开展

展览配合推出了两款宣传折页：一款是以一日行程串联起整个展览的导览图；另一款是以用连环画折页的形式，给观众提供图文并茂的解说。这批手绘连环画特意请书画专业人士绘制，配合与展厅场景、展品相对应的故事情节，十分接地气。这不但能让普通观众看懂展览，还特别符合"临安人的一天"的主题。同时，展览还配套推出同名图录，满足专业观众在观展后的研究赏玩需求。展览落幕后，编纂以"临安人的一天"为主题的馆刊特刊，记录展览从策划到实施，直至产生后续影响的全过程。

此外，我馆还采用了多层次的宣传推广模式。传统的平面、电视媒体宣传是展览初期扩大影响的最直接有效的方式。例如，《钱江晚报》《杭州日报》《都市快报》均为该展做了整版专题报道，吸引大量观众到馆参观。展览期间，运用微信、微博等新媒体，开展展览后续宣传与活动招募。通过微信推送等简单便捷的方式，可让观众直接了解到展览与展品的信息，以及活动开展的状况，这提升了观众的参观感受。展览还与微信公众号"西湖晓蛮腰"合作，提供语音导览服务，帮助观众理解展览内容。

在宣传方案的拟定上，我们一直沿袭"重质不重量"的做法，即与几家主流媒体合作，在开展、活动等特定的节点做独家报道。这种点状的宣传方式，使得展览的影响力没有持续性，曝光率欠缺，宣传力度不足，不时出现"你存在，但我不知"的展览空白期。这也是博物馆宣传工作中长期普遍存在的困局。

四、中小型博物馆在实践中面临的问题及思考

目前，中小型博物馆的展览丰富多样，也各具特色。诸多原创性临时展览都在试图解决博物馆工作中的一些固有难题，其中自然有成功亦有不足，根据普遍存在的问题与看法，我们应做如下思考。

（一）展览资源不足

在博物馆展览工作中，资源是需要优先考虑的问题。展览资源包括展品来源、资金来源及社会关系等，而这几类资源都是相互关联的。博物馆的等级与定位决定财政补助的数额，资金的多寡影响展览的效果，而展览的水平在很大程度上决定博物馆的社会地位，这就使得中小型博物馆已然处于劣势。

随着社会文化事业的发展，博物馆的数量与质量正进入一个扩张时代，对于中小型博物馆特别是如杭州南宋官窑博物馆这类建立在经济文化发达的省会城市的中小型博物馆来说，同行之间的竞争非常激烈。国家文物局网站2016年12月公布的《2015年度全国博物馆名录》显示，浙江省内已有各类博物馆286家，其中杭州市的国有博物馆（不含行业博物馆）22家，除去不符合文物类展品展出条件的纪念馆、艺术馆之外，仍有12家国有博物馆在不定期地推出各类临时展览。

国有博物馆办展的共同特点是办展经费基本来源于财政补助，而国家财政更倾向于补助大规模的综合性博物馆，这使得中小型博物馆难免陷入捉襟见肘的尴尬场面。一般临时展览的办展费用中，借展费与运输费的比重较大，实际运用在展览设计与实施上的经费非常有限。如果倾全馆之力借展一批高规格的文物，会导致展览的运作后继无力，展品也很难发挥其应有的价值。为了解决这样的问

题，目前基本上有三种做法：一是对流展，这种展览是对等的，只有本馆的外展过硬才能换来一个相同品级的展览；二是民间展，可以减少借展费与运输费的支出，但是对于展品的甄选必须慎重；三是众筹展，这是一种新的展览模式，从展品到经费都通过众筹募集，但对博物馆本身的社会影响力与公信力要求很高。

可以发现，中小型博物馆在展览筹划阶段就已经遇到非常现实的问题，这直接影响了中小型博物馆打造原创性临时展览的可能性与积极性。寻找一个合理的方案或模式，任重而道远。

（二）策展能力不足

能够弥补展览资源不足的是博物馆的策展能力。一个优秀的策展方案可以最大限度地发挥展品的内在价值，甚至通过合理的组合超越展品单体存在的意义，上文提及的绍兴博物馆"兰亭的故事"的策展团队显然以此获取了成功。然而，对于基数庞大的中小型博物馆来说，这只是一个小概率的个例。

一个合格的策展团队的基本配置，应该包括具备文物考古、博物馆、社会教育、艺术设计等多个专业背景的成员。然而，中小型博物馆编制有限是一个客观的事实，一人身兼数职却并非一专多能的现象普遍存在，这意味着集中力量在临时展览运作上有一定的困难。甚至于业内少数人存在这样的观点，即学术研究比展览策划更容易出成绩。虽然在2015年试行的浙江省文物博物专业技术资格（职称）评定中已出现"从事陈列展览专业工作的人员"这一类别[1]，但实际上专注于这个方向的专门人才仍然为小众。更何况，学术界对于展陈与教育工作的接纳门槛相对较高，大多学术刊物更欢迎考古类、文物类的研究成果，缺少陈展人员的交流学习平台。

1　《浙江省文物博物中、高级专业技术资格评价条件（试行）》。

目前，培养跨专业人才是一种主流的理论，但培养的方式与周期都尚处于不可预见的阶段，遑论未来的效果如何。且出于个人职业前景的规划，优秀人才的流动依然是指向大型博物馆的。综上所述，中小型博物馆策展人才的缺乏成为一个不可回避的问题。

（三）社会影响力不足

开幕并非展览工作的结束，而是一个新工作篇章的开始。展览要收获预期的社会反响，离不开后期的宣传运作与活动开展。而进入这个阶段的中小型博物馆，同样面临着新的难题。

现今的宣传方式一般是两条路齐步走，一是传统的纸媒、电视媒体，二是新媒体。受到新媒体冲击的传统媒体，正处于缩版与改版中，中小型博物馆在其中争取一版之地非常困难。这种宣传方式具有铺开面广、针对性弱的特点，对于展览预热及广而告之有一定的成效，但后劲不足。新媒体的运作相对便捷，从时间到选题、行文都可以由馆方把握，但中小型博物馆由于自身缺乏新媒体的运作能力，往往馆方微博、微信平台关注度并不高，成为"食之无味，弃之可惜"的鸡肋。原创性临时展览的宣传又不同于博物馆的常规宣传，全新的展览决定这是一个零起点的崭新却不孤立的宣传模块，如何更好地发挥宣传的作用，避免出现"展红馆不红"的状况，也是现阶段博物馆在展览工作中必须重视的问题。

自从博物馆的教育职能跃至首位，展览配套活动的开展也愈显重要。活动的形式不断丰富，观众参与层面不断扩大，呈现出一种积极的面貌。综合实力强的博物馆在这一方面的确走在了前面，一些经验方法值得中小型博物馆学习，但不能完全借鉴。特别是配合原创性展览推出的活动更应当具体问题具体分析：一方面，活动推进操之过急，推陈出新的频率过高，很难树立起品牌形象；另一方面，博物馆的公益场馆形象给创收活动带来了困难，纯公益项目又缺少后续支持，难以持续推进。这是一个值得反思的问题，即临时展览社教活动的根本目的是什么？它绝不是一个展览的宣传活动，也不是记录在展览档案上的任务。它和临时展览有着共同作用，能唤起公众对博物馆的关注，让观众体验到博物馆文化传承的价值与趣味。博物馆需要制定有针对性的教育活动方案，才能使原创性临时展览收获预期的效果。

（四）展览对象不明

博物馆的展览是否达到了预期的效果，这其实是一个开放性的问题，面对不一样的对象，我们能得到不同的答案。但这个对象，在我们策划展览时是否已经预设了呢？对于大多数的原创性临时展览来说，策展人员对观众群体进行了严格界定，即有一定的知识基础、空闲时间、文化兴趣，并且有请讲解员的习惯，这样的观众在展厅仔仔细细、认认真真看两个小时展览，一定会觉得我们的展览还不错。事实上，满足这种条件的观众非常少，我们面对的是大量对博物馆缺少了解、认为文物很深奥、只是碰巧想进来看看的观众。所以，博物馆在策划展览时应当对自己的目标对象有清楚的认识。

特别值得关注的是，在家长、学校甚至整个社会的要求下，青少年群体成为当下走进博物馆的主力军，但显然他们很难在展览中找到归属感。所以，面向青少年、面向未来的展览是当下应当关注的方向。博物馆在原创性临时展览的选题与策划上具有相对大的主动权，且展陈周期短，投入经费少，这就是临展相较于常设展览的一个很大优势。我们可以通过分析研究青少年群体的特性与个性，利用新兴的语言习惯、思维模式、展陈手段，打造风格清新独特的展览，以摆脱博物馆文物展览深奥、沉闷的形象，使我们的原创性临时展览成为形式多变、生动有趣、参与感强、门槛较低的文化载体。

五、结　语

中小型博物馆在规模及认知度上的确不如大型综合性博物馆，但从数量及辐射程度来看仍占有优势，在社会文化的传播与普及上发挥着不可或缺的作用。中小型博物馆打造原创性临时展览对于自身及全局发展，都有着不容忽视的必要性。

可以参考原创性临时展览的创作中有共性的原则和理念，但更多操作上的细节问题仍要考虑个体的特点。其中，中小型博物馆是一种比较具有代表性，且在操作细节上有迫切需求的集合。多方面、多视角、多案例的分析比较研究，或许能打开原创性临时展览运作的新局面。

参考文献

[1]　范小明.试论临时展览在中小型博物馆中的作用——以天水市博物馆为例[J].丝绸之路，2013（16）：69-70.

[2]　付万坪.博物馆原创展览与策展人团队建设[N].中国文物报，2014-06-11（8）.

[3]　侯春燕.原创性临时展览刍议[M]//中国博物馆协会博物馆学专业委员会.中国博物馆协会博物馆学专业委员会论文集粹.北京：中国书店，2013：156-159.

[4]　李卫平，王炬."青瓷撷英"展厅形式设计探讨[J].东方博物，2008（4）：125-128.

[5]　马英民.论陈列展览的看点及其设置[J].中国博物馆，2014（3）：112-117.

[6]　王献本. 永恒的文明——洛阳文物精品陈列设计与构思[J]. 中原文物，2000（1）：75-77.

[7]　王蕾."古代中国"基本陈列形式设计构思[J]. 中国国家博物馆馆刊，2013（1）：37-45.

[8]　魏敏. 浅议博物馆原创性临时展览的概念与特征[M]//中国博物馆协会博物馆学专业委员会. 中国博物馆协会博物馆学专业委员会论文集粹. 北京：中国书店，2013：131-135.

[9]　武贞. 博物馆临时展览与策展人[J]. 博物馆研究，2013（2）：36-40.

[10]　周彩玲. 浅析博物馆陈列展览中的信息表达[J]. 博物馆研究，2013（1）：16-21.

试论博物馆如何通过原创性展览打造文化个性

□ 李洁莹　天一阁博物馆

摘要： 每座博物馆都应该有其文化个性，它不仅体现了博物馆的定位、功能、理念、审美等内在气质，还决定着博物馆的发展方向。本文从原创性展览与博物馆文化个性的关系入手，论证文化个性是原创性展览的策划依据，而原创性展览也有助于进一步强化博物馆的文化个性。通过天一阁博物馆原创性展览的案例剖析，本文探讨了如何通过原创性展览打造一座博物馆的文化个性。

关键词： 博物馆；文化个性；原创性展览

一、博物馆的文化个性

2007年8月24日，国际博物馆协会在维也纳召开的全体大会上通过了经修改的《国际博物馆协会章程》，对博物馆的定义进行了修订。修订后的定义是：博物馆是一个为社会及其发展服务、向公众开放的非营利性常设机构，出于教育、研究、欣赏等目的而征集、保护、研究、传播并展出人类及人类环境的物质及非物质遗产。修改后的定义中，"人类环境的物质及非物质遗产"成为关注点，它既涉及我们的物质生活，又涉及我们的精神生活。作为一个城市乃至一个国家人文地理、文化历史的集中展示处，博物馆不仅要关注当地的物理环境，还要关注社会环境和其他多种环境，它或直接或间接地代表着这些环境。可以说，每个博物馆都有它自己的代表属性。"为社会及其发展服务"是现代博物馆存在的意义，如何"服务"，则随着社会的发展而不断变化。在社会经济文化高度发展的今天，博物馆在社会文化领域的价值导向作用日益凸显，越来越多的人把博物馆当作交流信息、获取知识、接受教育的文化载体。博物馆应当积极为本地域社会文化服务，活用馆藏文物，让学术研究与社会发展相融合，在深入的诠释下，加深民众对本民族、本地域历史文化的了解。

法国雕塑艺术家罗丹曾经说过："美存在于个性之中。"每个博物馆都应该有自己的文化个性，呈现特色之美，让观众从走进博物馆的那刻起就感受到独特的审美和文化内涵，对其留下深刻的印象，并逐渐产生情感寄托。而不应当"千馆一面"，走到哪里都"似曾相识"，看似"高、大、上"，实际却没有特点。

以天一阁博物馆为例，具有453年历史的天一阁是整个博物馆的核心所在，它是我国现存最早的私家藏书楼，也是世界上最早的三大家族图书馆之一。明嘉靖四十五年（1566年），范钦创建天一阁。经过范氏十三代人和社会的共同努力，"藏书楼"与"藏书"历经沧桑保存至今，成为中国藏书文化史上的传奇。同时，馆内还有移建于此的各个时期的古建筑，博物馆将这些建筑及其相关文物一并保护、陈列与研究，还原了建筑的时代环境。因此，天一阁博物馆最大的特色就是深厚的藏书文化，以及优美的传统建筑环境，这也是其最具代表性的文化个性。

二、原创性展览的概念

王宏均先生在《中国博物馆学基础（修订本）》一书中指出，博物馆展览是在一定空间内，以文物标本为基础，配合适当的辅助展品，按照一定主题、序列和艺术形式组合而成的，进行直观教育、传播文化科学信息和提供审美欣赏的展品群体[1]。

陆建松先生认为："博物馆展览是一项学术、文化、思想和技术的集合，只有具有思想知识内涵、文化学术概念并符合当代人审美情趣的展览，才是成功的博物馆展览。……一个博物馆展览设计方案的形成要经过三个转换，即从学术研究成果和藏品形象资料的收集整理到展览学术大纲的撰写；从展览学术大纲到展览内容文本；从展览内容文本到展览形式创意构思和设计。"[2]

展览是博物馆的核心业务，这基本上已成为共识。但目前关于原创性展览，却没有明确的定义。笔者认为，由博物馆自主策划、创作、组织并首次举办的展览，都可称为原创性展览。但是，什么样的原创性展览才是被认可的呢？我们不妨看一下《国家一级博物馆运行评估报告》对原创性展览的评分要求：（1）展览富有创意，主题明确，符合博物馆使命、目的即社会需求；（2）展览内容能够体现最新研究成果，具有较高的学术、文化含量；（3）展品组织科学合理、层次清晰、重点突出，信息传达有效性强；（4）展览形式设计有新的探索或突破，并与内容设计和谐统一；（5）展览制作精良、经济高效；（6）配套的高水平学术交流和社会教育活动系统、持续；（7）通过网上虚拟展示提高文化传播水平；（8）展览文化品牌社会认识、认可度高；（9）展览输送至境内外其他博物馆展出。从中可以看出，无论是对主题立意、展品组合等展览理念，还是对艺术、科技等表现形式与内容的和谐统一，以及通过学术交流、教育活动、大众传播等有效地服务社会，都提出了较高要求。

因为要具有"原创性"，所以每个博物馆做出来的展览必定不同。一个博物馆的原创性展览模式，并不一定适用于其他博物馆，

1　王宏均. 中国博物馆学基础（修订本）[M]. 上海：上海古籍出版社，2001：246.

2　陆建松. 论地方博物馆展览学术支撑体系建设[J]. 东南文化，2011（4）：6-8.

每个博物馆都必须从馆情出发，根据本馆的特点和对应的观众来进行创新，对本馆资源进行有效整合后，集全馆之力打造最能代表这座博物馆的文化个性的原创性展览。

三、原创性展览与博物馆文化个性的关系

（一）根据馆情确立博物馆的文化个性，以此作为策划原创展览的依据

每座博物馆都有其存在的价值和意义，可以根据自身的藏品、经费、受众、学术研究、空间环境、地域文化、历史传统等实际情况，确立本馆的文化个性。文化个性体现着博物馆的定位、功能、理念、审美等，决定着博物馆的发展方向，也是策划原创性展览的依据。

以天一阁博物馆为例，那些遗存的建筑形成了自己独特的性格和气质，其文物藏品和专属的文化内涵赢得了世人的肯定。建成博物馆，保留这些史迹，并进行相关的文物陈列展示，不仅是为了保存某种东西，而且是为了阐明历史，揭示意义，弘扬文化，传达精神。原创性展览为我们提供了实现这些目的的最好途径。博物馆通过特有的展陈手段和传播方法，展现古籍的重要性，解读相关专业知识，挖掘其精神内涵和时代价值，以此普及、弘扬中国古代优秀书籍文化，让观众在短短的参观过程中了解天一阁的沧桑历史并感叹其中的精神力量，在闲庭信步间体会中华传统书籍文化的独特韵味，从而达到传播博物馆文化个性的目的。

博物馆一直在尽力将专业人士要表达的信息转化成参观者能听懂的语言，不管参观者是儿童还是成人，使他们能够根据自己的能力对此目的有所了解。虽然博物馆内的文物都自带信息，但如果仅仅是放在那里，那就只是信息。"阐释"必须以深入的研究和丰富

的藏品为支撑，能提出新的观点，通过对观众知识水平和精神需求的了解，去考虑合适的展示方法，以确保更加有效的沟通和交流。不同的观众对展览的感兴趣程度不同，他们的知识水平也存在差异，如何选择展品以吸引他们的兴趣？如何引导观众参观完整个展厅而不使其因为感觉晦涩难懂而中途退出？如何营造观众喜爱的体验空间？如何激发观众对展览主题的思考？这些都是检验原创性展览对特定文化的阐释成功与否的关键问题。

（二）通过原创性展览的举办，进一步树立博物馆的文化个性

原创性展览是博物馆对某一主题经过深入研究，在对馆内外资源进行有效整合的基础上，用精品意识打造出来的首创展览。它是博物馆自主策划、举办的，最能体现博物馆的发展理念。深入的展品研究是原创性展览的基础，也最能体现博物馆学术研究工作的水平。打造一项原创性展览，需要投入大量的人力、物力，各项资源诸如时间、经费、人员的分配会有一定倾向，所以更能精心打磨，创造精品。原创性展览就是博物馆实现社会职能，向大众展示、宣传自身特色的最好途径。通过原创性展览，博物馆可以在观众心目中树立起自己的公众形象和文化个性。

以天一阁博物馆为例，近三年来其策划举办的原创性展览主要围绕纪念甬上藏书家先贤、阐释天一阁本体文化、讲述书籍故事几个系列展开。2015年的"月湖书生——徐时栋诞生200周年纪念展"、2016年的"四明功业——张寿镛先生诞生140周年纪念展"纪念了先贤，传承了文脉。连续举办的"根深叶茂——天一阁馆藏珍品展"、2015年的"金石遗音——天一阁藏明清刻石珍拓展"、2016年的"天章特奖图书富——天一阁藏御赐《平定回部得胜图》专题展"则弘扬了天一阁精神和中国藏书文化，其中"根深叶茂——天一阁馆藏珍品展"自2013年首展以来，还到香港、上海等五地展出，进一步扩大了天一阁的影响。2014年的"问谱寻根——天一阁家谱文化展"、2015年的"'纸张保护——东亚纸张保护方法和纸张制造传统'项目成果展"、2016年的"芸香四溢——明代书籍文化的世界影响"特展则从家谱文献、古籍修复、明代书籍影响力等方面阐释了中国的书籍文化。

与此同时，举办相关学术研讨会、座谈会，开设"国学堂""传家宝"等社会教育品牌，开展藏书文化的专题讲座，教授古籍印刷、装订等相关知识，以及通过微信等现代传播手段进行展览的衍生，将学术研究成果及时转化成大众可以共享的惠民成果。

通过这些原创性展览，渐渐树立了天一阁博物馆以藏书文化为特色的专题性博物馆的形象，让观众看到了中国"书"文化的博大精深，也在实践的过程中，进一步加强了工作人员各方面的业务素养，推进了博物馆的建设。

四、以案例分析原创性展览的运作

中华古籍的传播源远流长，是中国数千年文明流传下来的主要载体。14—17世纪中叶的明代，中国的书籍文化发展到一个新的高峰，在世界范围内产生了广泛而深远的影响。而生活于当今中国的普通民众却对曾经灿烂辉煌的中华古籍文化知之甚少。2016年年底，天一阁博物馆依托本馆资源，借举办"明代书籍与文学国际学术研讨会"之际，策划举办了原创性展览"芸香四溢——明代书籍文化的世界影响"特展，通过展览特有的展陈手段和传播方法，展现古籍的重要性，解读相关专业知识，挖掘其精神内涵和时代价值，普及、弘扬中国古代优秀书籍文化。

（一）用文物组合阐述书籍故事

选择和摆放展品，就如同阐述一个故事，重点不是某一件独立的展品，而是有引人入胜的故事线。展览本身就是一种阐释性行为，选择和摆放文物的过程实际上是一种虚构；就其本身而论，它是虚构者试图表现出一个物件所可能阐述的故事。展览所展出的藏品不应该仅仅被视为一组汇集在一起的物品，而更应该被视为由物品来展示的汇集在一起的观点。展品在规划、分类和撰写文字说明的过程中都需要考虑这一点。展品的组合要做到层次清晰，重点突出，信息传达准确、有效。

"芸香四溢——明代书籍文化的世界影响"特展从装帧形式（线装）、字体特色（宋体字）和文本内容三个角度来综合展现明代书籍的特殊魅力及其在世界范围内产生的影响。明代中期形成的线装书，至今成为古籍的代名词。同时期形成的宋体字，发展演变为今天最常用的印刷体汉字。明代的线装书和宋体字还影响到中国周边的日本、朝鲜半岛和越南等国家和地区，在日本和韩国，宋体字至今仍被称为"明朝体"。明代书籍是汉字文化圈形成以后推动其多元发展的重要工具，也是中华文明在世界范围内广泛传播的重要载体。从这三方面入手，可以将抽象的内容具体化，将学术的成果视觉化。线装是书籍的外观，而宋体字是书籍打开后的文字形式，前两者都属于书籍的视觉形式，文本内容则是书籍内容，展览从外到内逐步推进，也符合参观者的心理习惯。

在一般人的认识里，"线装书"就是古书的代名词。而实际上，中国古书的装帧形式经过了长期演变，从最早的卷轴装到后来的经折装，再到方册式的蝴蝶装、包背装，最后才形成线装。很多观众对蝴蝶装比较陌生，但如果看到一本古籍的内页被撑起后真如一只展翅的蝴蝶，一定会印象深刻，同时又对蝴蝶装有空白页的缺点一目了然。展览还通过同时期包背装与线装两种不同装帧形式的实物的比较，充分说明用线装订的线装与用糨糊粘连的包背装相比具有装订牢固、拆解重装方便的优点，也奠定了线装作为古籍装帧形式演变终点的重要地位。通过组合的方式，使文物之间的联系反映出古籍装帧的优劣特点和传承体系。

在阐明宋体字的影响时，展览从12本不同年代的古籍中挑选出同一个"明"字，这从一个侧面展示了从明代中期至今宋体字的演变过程，阐释了书籍字体的发展史。同时，结合雕版刻制的实物展示，向观众解释宋体字"横细竖粗"这一特点形成的主要原因。

在文本内容方面，运用了对比展示的方式。例如，通过比较中日学人共读的古籍《本草纲目》可以发现，中外学人在收藏、阅读明刻本时有很多相似之处，如钤印、题写书签、注明目次、批校、题跋、抄补缺页等。这也说明，域外学者和中国学者不仅阅读着同样的书籍，且在阅读习惯上也高度相近。

好的原创性展览都有清晰的目标或中心思想。展览团队在策划展览——从选择藏品到撰写阐释性展览标签之时，始终紧扣中心思想。在古籍装帧、字体、内容三大单元的逻辑体系内，每个单元的文物选择与安排都遵循由内而外、由中国而外国的顺序，层次分明、逻辑清晰地展示明代书籍文化对世界的影响。文物选择注重书籍与书籍制作用品（雕版）及工具相结合、多个国家或地区的书籍相结合（中国、朝鲜半岛、日本、越南、法国等）。抓住传统文化的核心内容，用深入浅出的展览语言、形象直观的展陈方式，把明代书籍的学术性和文化意义阐释清楚。

（二）用互动式的展示空间阐释书籍文化

因为创作团队是最熟悉场馆特点和展览主题内涵的馆内人员，所以，原创性展览的展示空间设计更能做到因地制宜、特色突出。形式设计不但追求创新，而且应该考虑与展览内容和环境和谐统一，通过各种艺术手段为内容主题创造出完美的三维空间。

1. 借助色彩，打造清晰的空间格局

展览都是在博物馆既定的建筑空间内进行的，但如果原本的空间并不理想怎么办？例如，"芸香四溢——明代书籍文化的世界影响"特展所在的建筑空间是一处建成于1996年的仿古风格展厅，占地面积437平方米，分上下两个楼层。由于场地的限制，展线衔接不顺畅，前后顺序不清晰，且由于空间不足，其中一个单元的内容被分割在了两个楼层。在无法改变原建筑环境的情况下，此次特展借助色彩进行有效的改善，打造了相对清晰的空间格局。色彩作为一种营造展示空间氛围的手段，不仅可以明确地分割展示空间，还可以为观众提供清晰的参观脉络，更可以创造出艺术化审美的视觉形态，营造出良好的展示艺术环境，向人们传递展览的主题信息和文化精神[1]。因此，根据展览内容的三个篇章，分别选用靛青、赭石、暗红作为背景色，虽然色相不同，但明度相似，纯度相近，也能够产生和谐统一的视觉感受。重要的是，通过色彩的暗示，强化了空间排列节奏，让观众在心理上有了区分，营造了合适的艺术氛围，强调了展示主题。

2. 用层层推进的展线，激发观众思考

好的展示空间不仅要注重物质方面的种种需求，还要考虑展览的精神功能。展览的精神功能是一种正能量的积累，是在物质功能得到满足的基础上，对心理情趣、审美艺术提出的新要求，它集中反映在观众对展示空间所产生的心理本能上的互动反应[2]。这对博物馆的展陈艺术提出了更高的要求，观众不仅要从展览中接收信息，还

1 　乐圆. 英国博物馆展示空间的色彩应用 [C]// 中国博物馆协会博物馆学专业委员会. 中国博物馆协会博物馆学专业委员会 2013 年"博物馆建筑与功能"学术研讨会论文集. 北京：中国书店，2014：195-200.

2 　赵乐. 文化前沿的职能研析——博物馆建筑、空间与展览的功能应用 [C]// 中国博物馆协会博物馆学专业委员会. 中国博物馆协会博物馆学专业委员会 2013 年"博物馆建筑与功能"学术研讨会论文集. 北京：中国书店，2014：139-151.

要积极主动、持续不断地对展品提出质疑，以便理解展品，也就是投入其中，而不是以观察者的身份置身事外。

古籍版本学知识常常会令普通观众感觉乏味晦涩。在阐释第二篇章"宋体字"部分时，"芸香四溢——明代书籍文化的世界影响"展就使用了"先提问，后解答"的方法，以激发观众的兴趣和好奇心。展览在起首醒目的位置排列了12个"明"字，这些"明"字分别出自12本年代不同的书，从一个侧面展示了明代中期至今宋体字的演变过程。具有视觉震撼力的一排"明"字一下子就吸引了观众的眼球，他们津津乐道于这一熟悉字体的细微变化，并感到好奇：为何会产生这些变化？于是在接下来的展示中，观众会带着问题慢慢去寻找答案。在寻找宋体字"横细竖粗"这一特点形成的原因时，观众通过雕版刻制过程的演示及明代书版的展示可以发现，木材纤维的存在，使得刻工为了方便而创造了"横细竖粗"的宋体字。

3. 用准确的文化氛围，烘托精神内涵

当展览氛围与观众的心理预期达到高度统一并产生感性的沟通时，展览的主题就化无形为有形，展览氛围也就为观众的情感发展提供了载体。因此，展览不仅要准确营造氛围，还要注意情感的抒发。尤其是在"明代书籍文化的世界影响"这样抽象的主题上，如何帮助观众理解，并获得情感体验，显得非常重要。把展示空间设置在特定的情景和历史时空中，不仅可以增加展览的可视性，而且能帮助观众很好地理解文物的内涵，懂得如何欣赏古籍之美。

"芸香四溢——明代书籍文化的世界影响"展的主背景色为明代古籍封面常用的靛青色，这使整个展厅呈现沉静、素雅的基调。图文版以仿古籍纸张的米黄色为底纹，饰以四眼双股线穿孔、粗细版框、鱼尾、版心、书签、钤印等，仿照古籍天头、地脚的布局排版，将明代文人对书籍的审美意趣与现代美学设计相结合。

各种文字也是展览形式设计中的重要一环。本次展览选用了多种宋体字，展览的主标题文字专门辑自天一阁所藏登科录和万历刻本《史记评林》《管韩合刻》，它们代表着明刻本中的两种典型字体。

在辅助展品的设计方面，选用了竹帘、明式家具、花瓶、花窗等装饰，既与建筑本身的古典环境相融合，又体现了展览的书卷意味，还原了明代书房场景。不仅如此，还在展厅中放置了古代用来辟蠹防虫的芸香草，伴随着阵阵芸香，真正体现"芸香四溢"的立体意境。

这些设计抓住明代书籍的典型特点，将明代"书"的文化通过视觉、嗅觉不断强化，渲染了展厅内的环境气氛，更传递出展览的主题信息和文化精神。

（三）用高新科技创造多层次的感官体验

展览主要是一种非语言的感官体验。比起展览说明，观众更喜欢多重感官体验。日新月异的数字技术为更深刻的展览阐释提供了更多可能，也使观众的个性化需求得到更多满足。

1. 多媒体导览

展览视频能帮助参观者为即将开始的参观体验打好基础，并提供展览的背景知识，告诉他们在展厅中如何游览并获得何种体验，让他们自己掌握展览的阐释主线。这就好比一个立体的展览参观指南。

以本次特展为例，多媒体导览屏放置于特展门口处，循环播放关于展览的介绍视频，让参观者能在观展之前对本次展览的内容有所了解。参观者也可以与多媒体导览屏互动，使用手机终端扫描二维码，访问专为本次特展而开发的自助导览系统，通过展厅地图、展览图文介绍、音频介绍、视频介绍等，全面了解明代书籍文化的世界影响。

2. 混合现实技术

混合现实技术（MR）是虚拟现实技术（VR）的进一步发展，

该技术通过在现实场景呈现虚拟场景信息，在现实世界、虚拟世界和用户之间搭起一个交互反馈的信息回路，以增强用户体验的真实感。以本次特展为例，在观赏古籍装帧的展示时，观众戴上全息眼镜，既能看到真实的古籍，又能看到古籍以三维形态呈现于半空中，凭借手势隔空进行简单操作，即可对虚拟立体影像进行放大、缩小、旋转等指令。该技术还结合视频和音频，将传统展示手段难以表现的知识予以全新的科技呈现，让文物信息触手可及，让参观者在体验高科技新奇感官的同时，看懂文物，了解文化。

3. 智慧感应导览

本次特展还结合平板电脑、手机等智能终端，定制开发了智慧导览系统，应用最新的定位技术（iBeacon）实时定位参观者位置，将所处位置的展览内容精准推送，帮助观众获得最佳游览体验。观众不仅可以自助了解本次特展的相关内容，享受到数字化引导服务，还可获得远比讲解员能提供的更多的信息资源，如地图、文字、图片、音频、视频等，甚至还可以下载，把所有信息资源带回家。

（四）用丰富的推广活动满足各阶层需求

通过进一步推广，原创性展览能最大限度地满足社会不同阶层的需求。一系列的宣传推广活动是扩大展览影响、确保展览取得成功的重要环节，包括学术研讨、教育活动、大众媒体传播、文化衍生产品开发等。这些活动能让博物馆涵盖方方面面，成为普通老百姓文化生活的一部分。

1. 开展丰富的社会教育活动

展厅内专门开辟了互动体验区，开展雕版印刷的体验活动。直接参与往往比做个旁观者更能激发观众热情。这里既是观展的展厅，也是动手操作的自由体验区，通过触摸观察雕版、亲手印刷一张书页，来了解相关工具及其制作过程，融趣味性、互动性、学术性于一体，更易加深观众对展览内容的理解。

此外，还面向中小学生组织了多场"展厅课堂"，在馆内研究人员的带领下边参观展览，边进行延伸知识的传授。周末还有面向文艺爱好者的创意设计活动，如"'字'得其乐——宋体字设计之制作橡皮章""'字'得其乐——宋体字设计之手绘书签""'诗·画印象'——雕版印画填色设计"等，融合传统审美与现代生活意趣。

2. 利用传统大众媒介、新媒体扩大影响

博物馆的展览要通过及时、广泛、有效的宣传才能被大众知晓。传统的大众传播媒介有报纸、电台、电视台等，受众面广，覆盖面大。随着数字技术的高速发展，网络成为新兴媒介，它在传播条件上突破了许多客观因素的限制，还拓展了服务功能和互动效果。此次特展结合传统媒体和网络新媒体开展了全方位、多角度、深层次的新闻宣传。

网络媒体在改变信息传播形态的同时，也正在成为促进知识传播的最有效手段。技术的发展和人们接收信息习惯的改变，还给博物馆带来了新的机遇和挑战。博物馆不仅开始选用新的媒介载体、传播渠道，还对信息的结构方式、内容组成、传播策略、目标受众、传播效应等做出一系列调整，以适应人们对信息的接收习惯，以及生活方式和思维方式的变化。

此次特展除邀请多家网络媒体进行采访报道、开设网上虚拟展厅外，还在天一阁博物馆的官方微信上做足文章。开幕前有预告，开幕当天有直播，展览期间推送多篇相关微文，将展览未尽内容分期做详尽阐释。例如，介绍展览中应用的混合现实技术的微文《古阁遇上黑科技》在年轻观众中形成了话题。此外，还特别开设了"老范说书"书籍知识微讲堂，通过微信平台，定期向读者介绍古籍知识。碎片化信息和图文并茂的形式符合现代年轻人获取知识的习惯。

3. 开发配套的文化产品

展览要真正走近大众生活，还需要文创产品来推广和延续，而最关键的是找准连接展览与大众的纽带。此次特展围绕"书"的主题共开发了6种文创产品，种类从实物到虚拟产品，价格从10元到170元不等，满足各年龄层的各种需求，如仿古籍笔记本、AR虚拟手册、藏书楼模型贺卡、酸枝木书签、芸香草香囊等。尤其值得一提的是，AR虚拟手册利用增强现实（AR）技术，将虚拟的信息应用到真实世界，实现对现实的增强效果。用户只要下载相应的软件，使用智能移动设备扫描AR手册，即可看到画中形象的立体图形。平面的文物图形通过使用者的手机得到立体呈现，三维影像立体旋转，同时配有专业的语音讲解，既生动有趣，又有深入阐释，还能让购买者带回家继续向亲朋好友推荐、传播。该文创产品获得了"2017中国（宁波）特色文化产业博览会最佳创意奖"。

五、结　语

综上所述，举办原创性展览有利于馆藏资源的整合利用，发挥博物馆的社会职能；有利于推动博物馆学术研究，加强业务建设；有利于打造博物馆的文化个性，确立独特审美，提升影响力。原创性展览是一座博物馆的建馆理念、藏品管理、学术水平、形式设计、教育推广、观众服务等的综合水平的体现。它既可以是基本陈列、专题陈列，也可以是临时展览、巡回展览，是一座博物馆创新能力的集中体现。

参考文献

[1] 爱德华·亚历山大，玛丽·亚历山大.博物馆变迁[M].陈建明，主编.陈双双，译.南京：译林出版社，2014.

[2] 吉诺韦斯，安德列.博物馆起源：早期博物馆史和博物馆理念读本[M].陈建明，主编.路旦俊，译.南京：译林出版社，2014.

[3] 乐圆.英国博物馆展示空间的色彩应用[C]//中国博物馆协会博物馆学专业委员会.中国博物馆协会博物馆学专业委员会2013年"博物馆建筑与功能"学术研讨会论文集.北京：中国书店，2014：195-200.

[4] 陆建松.论地方博物馆展览学术支撑体系建设[J].东南文化，2011（4）：6-8.

[5] 王宏均.中国博物馆学基础（修订本）[M].上海：上海古籍出版社，2001：246.

[6] 赵乐.文化前沿的职能研析——博物馆建筑、空间与展览的功能应用[C]//中国博物馆协会博物馆学专业委员会.中国博物馆协会博物馆学专业委员会2013年"博物馆建筑与功能"学术研讨会论文集.北京：中国书店，2014：139-151.

谈以学术性原创展览为主导的良渚模式

罗晓群　良渚博物院

摘要： 良渚博物院的学术性原创展览在故宫博物院原院长张忠培先生的精心谋划下，希望通过玉器与玉文化"实事"和"求是"的探索，达到"通古今之变"的学术高峰，以观中国整体文化的脉动。先生之高瞻远瞩，立意深远，为良渚博物院学术性原创展览指明了方向。笔者以良渚博物院原创展览为例，提出原创展览就是首创展览的观点，从文物藏品、主题、文本、首次展出等四个方面进行体现。本文以学术性原创展览为主导，通过"四个一"的手段，研究整合全国玉文化研究资源，搭建全国性的学术交流研究平台，打造特色展览体系的良渚模式。

关键词： 学术性；原创展览；良渚模式

很多人将原创展览的数量作为衡量一家博物馆藏品数量与品质、学术研究水平与能力的重要指标之一。良渚博物院（简称"良博院"）是一家中小型专题博物馆，藏品总量仅3000多件，以良渚文化文物居多，藏品类型单一，精品数量比重偏小。2006年，为配合良渚博物院新馆项目，浙江省文物考古研究所移交反山、瑶山、庙前等遗址的部分文物。这是良渚博物院唯一一次大量良渚文化文物入藏。虽然这些展品充实了良渚文化的基本陈列与交流展示，但是依靠现有这些馆藏品，想要实现可持续发展，研发高品质的原创性展览，显然在当前或者未来一段时期内都困难重重。那么，良渚博物院该如何举办高品质、高水准的原创性展览呢？

2008年良渚博物院开院至今，共举办了32个临时展览，其中学术性原创展览6个。这些原创展览由我院策划、主导，组织实施，展览的文物藏品、文本撰写、学术研究等，得到了社科院、考古所、博物馆等22家单位的大力支持，形成了良好的运作机制。展览在良渚博物院首次展出，而且多数文物藏品为首次展出或大量的集中展出；展览主题是首次呈现的专题；文本以最新的考古发掘或学术研究成果为支撑。这是学术性原创展览的典型特征。以学术性原创展览推动展览体系的建立与研究平台的搭建，成为一种可持续发展、创新型的展览与学术研究模式，它正是良渚博物院倡导的良渚模式。

一、学术性原创展览的概况

历年来，良渚博物院完成了6个学术性原创展览，分别是2009年至2010年与辽宁省博物馆、辽宁省文物考古研究所合作的"玉魂国魄——红山文化玉器精品展"；2011年至2012年与故宫博物院、安徽省文物考古研究所合作的"玉魂国魄——凌家滩文化玉器精品展"；2013年至2014年与郑州市文物考古研究所、中国社会科学院考古研究所、陕西省延安市文物研究所、陕西省考古研究院、陕西历史博物馆合作的"玉魂国魄——玉器·玉文化·夏代中国文明展"；2014年与浙江省文物考古研究所合作的"崧泽之美——浙江崧泽文化考古特展"，此展得到了诸多兄弟单位的支持，如嘉兴市博物馆、湖州市博物馆、海宁市博物馆、海盐县博物馆、平湖市博物馆、桐乡市博物馆、湖州市文物保护管理所、安吉县博物馆、长兴县博物馆、桐庐博物馆、中国江南水乡文化博物馆等；2015年至2016年与湖北省博物馆合作的"玉魂国魄——湖北枣阳九连墩楚墓玉器特展"；2016年至2017年与浙江省文物考古研究所、中国江南水乡文化博物馆合作的"王国气象——纪念良渚遗址发现80周年特展"。其中，4个展览是以中华玉文化为中心的"玉魂国魄"系列，2个是与浙江省文物考古研究所共同研发的。

"玉魂国魄"系列展览以探索与研究中国玉器与玉文化为方向，对玉器与玉文化在各个历史阶段的发展进行了认真的梳理与展示。"玉魂国魄——玉器·玉文化·夏代中国文明展"展示了夏代的玉器与玉文化，以及中华玉文化发展至夏代时所取得的成就。展览的文物藏品为从山西省襄汾陶寺遗址，河南省巩义花地嘴遗址、偃师二里头遗址，陕西省延安芦山峁、神木新华与石峁遗址，山东省临朐西朱封大墓，以及内蒙古自治区敖汉旗大甸子等9个遗址点发掘出土的200多件玉器精华。展览文本则邀请了中国社会科学院考古研究所朱乃诚先生执笔。由于遗址地域跨度大且遗址间的内在关联不清晰，文本根据遗址的年代与特征，单独做详细展示："第一单元为'时代风貌——陶寺玉器'，第二单元为'牙璋初现——二里头文化新砦期玉器'，第三单元为'王室精华——芦山峁玉器'，第四单元为'告天问地——新华祭祀坑玉器'，第五单元为'祭奠山城——石峁玉器'，第六单元为'夏社仪仗——二里头文化三、四期玉器'，第七单元为'塞外玉魂——多元的大甸子玉器'，第八单元为'夏人遗痕——牙璋的谜底'，结语为'时代巅峰 冰山一角'。"文本中前言、单元说明、结语等说明文字以精练、浅显的表述方式，精准地呈现了每个遗址的鲜明特征与学术价值。展览的形式设计立足于对学术全面系统性的尊重，以简洁、大气的风格凸显文物本体的魅力。展览图录高清晰度玉器照片及局部细节，尤其是图录中的综述文章，全面揭示了各遗址玉器的特征与意义，内容翔实，观点独到。60余位考古专家与知名学者参加了为配合展览而举办的高端学术研讨会，并做了主题陈述，共同研讨了玉器所属的年代及其文化属性。会议闭幕式上，故宫博物院原院长张忠培先生高度评价此次会议在学术研究上有新成果、创新性、系统性。展览最可贵的是陶寺、二里头遗址新砦期、芦山峁等遗址中玉琮的首次集中展示，其实物比对揭示了良渚文明的影响力，实证了良渚文明与夏代文明之间的内在关联。

"崧泽之美——浙江崧泽文化考古特展"是我院联合浙江省文物考古研究所共同研发的原创展览。展览传播的目的是认识崧泽文化，解密它在马家浜文化与良渚文化之间的起承转合作用，向公众普及环太湖流域马家浜文化、崧泽文化至良渚文化这一文化谱系的重要意义与价值。此次展出的文物藏品共244件/组，来自浙江省文物考古研究所与11家博物馆。展览文本由浙江省文物考古研究所的方向明先生撰写，分"交融时代""祭器·美术·生活""美石·通灵·礼仪""文明曙光"四个篇章，重点凸显崧泽文化古拙、自由、开放的美。因此，形式设计中版面主色调选择淡土黄色，并以崧泽典型纹饰做暗纹，隐喻崧泽文化的文化独特性。《崧泽之美》图录收集了浙江省文物考古研究所三位学者的学术文章，分别为刘斌先生的《崧泽文化的分期及相关问题》、王宁远先生的《崧泽文化早晚期聚落内部结构的演变——以仙坛庙遗址为例》、方向明先生的《崧泽文化的玉器》，从考古学角度全面解读了崧泽文化及其独一无二的内涵与价值。"崧泽文化"学术研讨会同样吸引了来自故宫博物院、中国社会科学院考古研究所、北京大学、江苏省考古研究所、山东省文物考古研究所等科研院所及高等院校的专家学者。学者们从年代、器物研究、文化传播与影响及遗址博物馆建设等角度出发做了精彩的发言。最新的发掘材料、独到的学术视角、严谨的学术态度、百家争鸣的文风，为"崧泽文化"学术研讨会画上了圆满的句号，为今后崧泽文化的研究建立了新的起点。展览为学术研讨会提供了最完整的研究信息，学术研讨会增进了展览的学术含量，两者相得益彰。

以上两个展览是我院原创展览的两大系列——"中华玉文化"系列和"考古学文化"系列的案例。对展览的目的与传播对象、内容与形式进行学术研究，为研究人员、玉器与文化爱好者提供了极为难得的学习机会，积极推动了传统文化研究的理论水平。这是学术性原创展览的目的与发展方向。

二、学术性原创展览的定义及条件

2012年中国博协召开了以"原创性展览研究"为主题的学术讨论会，提出了原创展览的定义、作用与意义。笔者非常认同南开大学历史学院黄春雨老师"原创就是首创"的观点[1]。根据这一观点，每个博物馆的基本陈列是百分百的首创与原创，这点毋庸置疑。而临时展览则存在较大的争议。如何界定临时展览的首创性或者说原创性呢？良渚博物院已举办的32个临时展览，可区分为原创展和交流展两种。交流展是直接从兄弟博物馆引进的成熟展览或者参与原创的巡回展，如2009年从中国文化交流中心引进的"千古英雄——大三国志展"、2015年从山东省博物馆引进的"东夷华彩——大汶口文化、龙山文化特展"。而原创展则是前文所提到的6个展览。复旦大学文物与博物馆学系教授陆建松按传播目的和构造对展览进行分类，认为其分审美型展览和叙事型展览[2]。而良博院的原创展览与这两者有所区别，良博院的展览学术逻辑性强，侧重物的展示，应定义为学术型展览，为展览的新类型。那么，如何界定学术型原创展览呢？从良博院学术型原创展览的案例可以看出，学术型原创展览可定义为：以学术研究为目的，由展览主办方确定主题、策划实施，并首次在主办方展出的专题展览。

从学术型原创展览的定义看，它的原创性体现于四个方面：文物藏品、主题、文本、首次展出。文物是历史的见证者，是展览的无

1　侯春燕. 原创性展览的界定和功能——中国博物馆协会博物馆学专业委员会2012年学术研讨会综述 [N]. 中国文物报，2012-11-28（6）.

2　陆建松. 博物馆展览策划：理念与实务 [M]. 上海：复旦大学出版社，2016.

声陈述者。每一件文物的背后都有时代特征、历史痕迹、人物传奇等神秘的故事。为了向公众揭开这些鲜为人知的历史真相，博物馆深度研究文物，发掘文物内涵，揭露历史真相，并以展览的形式呈现给观众。因此，文物是展览的源头与基础。而学术型原创展览是对学术成果的阐释与解读，对文物选择的标准与要求更严苛，汇集了某支文化或者某个主题的典型文物，而且文物从个体和组合上，都体现着学术研究的核心价值。鉴于文物的研究价值，它们多数是第一次展出，来源也不局限于某家文博单位。因此，学术型原创展览提供了极为宝贵的学习与研究机会。这充分体现了学术型原创展览文物藏品的三大原创特性：文物构成的原创、首次展出的原创、学术价值的原创。

主题是展览的灵魂与核心。学术型原创展览的主题体现了某一领域最新的研究进展与影响力。展览策划者综合文物藏品的信息与鲜明特征、最新发掘或研究的成果、社会的关注热点、观众的认知程度等各个方面，提炼主题结构。文本是展览的框架与剧本，也是形式设计和制作的依据。学术型原创展览文本注重学术内容的系统性与全面性、学术观点的新视角与新颖性、研究成果的科学性与价值性。在此基础上，展览策划者围绕主题与文物，以文字、图片、图表、模型、多媒体、互动项目等多种表现形式，呈现一段段不为人知而具有价值的真实历史。主题与文本的原创性就立足于现阶段的重大发现或最新的学术研究动态，以及学术热点与争论等最完整的研究信息。展览策划者进行资源整合与提炼，这就是学术的原创。展览策划者在错综复杂的信息中厘清主题，这体现出他们扎实的学术功力，以及出色的研究视野与格局。最前沿的学术型原创展览能带动学术的创新与突破，推动学术传播。

首次展出是指学术型原创展览在主办单位的第一次公开展示。第一次公开展示标志着主办博物馆在研究领域、策展理念、馆际合作上的新思路与新突破，是博物馆特质和价值的展现。它是博物馆扩大社会影响力的重要途径。认定展览的首次展出，是尊重与理解主办单位举办学术型原创展览的付出。

三、良渚模式的架构与理念

什么是良渚模式？模式是一种典型性形式，是某种特定环境中事物的构造。所谓的良渚模式是指，良渚博物院以学术展览为推手，配合图录、学术研讨会、学术论文集等手段，整合全国玉文化研究资源，搭建全国性的学术交流研究平台，打造良渚博物院特色展览体系的策展与研究模式。

（一）良渚模式的架构

很少有人知道良渚博物院的另一名称：良渚研究院。建院之初，高层人士高瞻远瞩，设定了未来建设一个良渚研究中心的目标与方向。这一目标得到了故宫博物院原院长张忠培先生的鼎力支持。在余杭区区委、区政府为"做深做透玉文化"而筹建中华玉文化中心时，张忠培先生牵线搭桥，将费孝通先生倡议的"中国古代玉器与传统文化学术讨论会"与中华玉文化中心联系起来[1]。中华玉文化中心正式成立后，以良博院为基地，以继承和弘扬优秀民族文化为己任，着力搭建全国性对话与交流平台。

张忠培先生提出利用"一个平台"、做好"两个吸纳"、坚持"四个一"的建议，在中华玉文化中心的成立大会上得以通过[2]。良渚博物院立足于中华玉文化中心的理念，以良渚玉器与玉文化为点，承担起玉器与玉文化的中心枢纽，形成集研究、体系、平台于一体

1　孔梦悦. 中华玉文化中心建设的回顾和展望 [C]// 杨晶，陶豫. 玉魂国魄——中国古代玉器与传统文化学术讨论会文集（七）. 杭州：浙江古籍出版社，2016：417-424.

2　孔梦悦. 中华玉文化中心建设的回顾和展望 [C]// 杨晶，陶豫. 玉魂国魄——中国古代玉器与传统文化学术讨论会文集（七）. 杭州：浙江古籍出版社，2016：417-424.

的良渚模式，并通过"四个一"的手段得以实现。"四个一"即举办一个学术型原创展览，出版一本高品质的图录，举办一场高端学术研讨会，出版一本学术论文集。学术型原创展览以最新发掘资料或研究成果为主；图录由研究综述、文物藏品的信息资料组成；学术研讨会邀请学术专家、考古学者对某一主题进行专题研讨，解决相关学术问题；论文集展示专家学者的最新学术研究成果。"四个一"的整个过程历时3年。第一年邀请专业人员整理文物清单、撰写文本；第二年举办原创型展览，出版原创图录，召集学术研讨会，确定下一个主题；第三年搜集与整理论文，出版学术论文集。

（二）良渚模式的核心理念

8年来，良渚模式已得到国际与国内学术界的认可，对中华玉器与玉文化研究的导向与引领作用日益凸显。良渚模式的核心理念已具有雏形：

（1）搭建全国性学术交流研究平台。从时空上看，中国玉器有8000年的历史，从史前开始延续至各个历史阶段；从空间上看，同一时期不同地区的玉器有着鲜明的特征。因此，玉器在中国人心目中有着特殊的意义。尤仁德在《古代玉器通论》中谈道："玉器是中国特有的、重要的历史文化现象。玉器所代表、反映与象征的是中国文化史的物质文化和精神文化的大貌。把学习和研究玉器的活动归入中国传统玉文化体系之中，能掌握玉器作为一种历史文化现象产生的原因；玉器的历史与文化背景；玉器产生、发展与变化的规律的文化学依据；玉器在中国文化史上所拥有的地位、作用和价值，即在中国文化史上的代表性意义。"[1]尤先生已充分表述了玉器与玉文化的意义。好的学术研究平台既为学者引领方向、开辟疆域，又能营造学术独立、思想自由的研究氛围，还能推动中华传统文化的深

1　尤仁德. 古代玉器通论 [M]. 北京：紫禁城出版社，2004：绪论 2.

度研究，向世界展示中华文明的源远流长。张忠培先生在中华玉文化中心第五届年会上发表讲话，提出将玉器与玉文化的研究升华到"通古今之变的境界"。他认为，"通古今之变的境界"就是知文化、社会和国家（政权）形态这三者或其中之一，或者其中的任何二者的发展或演变的规律。从玉器与玉文化的研究着手，以观中国整体文化的脉动[1]。

（2）共享全国玉文化研究资源。文物藏品、考古发掘与研究、文献史料等信息资料是撰写原创展览的基础。这些资源往往过于封闭，公布滞后、不完整，导致学术研究成果中信息不对称，虽有成果，却水平不高。学术型原创展览邀请了具备较高学术造诣与水平的专业研究人员来做展览文本撰写者。他们对考古发掘的文物藏品与最新研究资料了如指掌，能确保展览全面、科学、深入地体现主题，展览相关的信息翔实而完整。研究人员通过展览近距离观摩玉器，交流与掌握真实的学术资料，有助于产生有价值的学术研究成果。以展览的形式公布最新、最全面的信息资料，使展览成为一座桥梁，成为搜集与整理最新学术信息的有效方式，成为学术资源共享的平台。

（3）精心培育与扶持新生代青年学者。学术型原创展览为研究人员创造了掌握翔实数据的机会。而学术研讨会则是学术交流与思想碰撞的平台，为青年学者的学习与展示提供了机会。研讨会上，考古发掘者作为第一见证人，介绍发掘背后鲜为人知的现象与个人研究成果；前辈学者们畅谈学术格局、研究思路与方法。他们严谨的学术态度，为青年学者们树立了标杆。以玉器、玉文化为主题的连续性专题学术研讨会，搭建起全国性学术交流研究平台，引领着玉器与玉文化的学术研究方向，也进一步延伸推动中华传统文化研究工作的展开。学术研讨会俨然是人才的孵化器，引导青年学者走

1　张忠培. 在中华玉文化中心第五届年会上的讲话 [C]// 杨晶，陶豫. 玉魂国魄——中国古代玉器与传统文化学术讨论会文集（七）. 杭州：浙江古籍出版社，2016：1-8.

上中国传统文化、玉文化研究的学术道路，使其成为传承与弘扬中华优秀传统文化的接班人。

（4）坚持以学术型原创展览为导向。博物馆展览日趋多元化，从藏品性质看，可分为历史、艺术、自然、科学、人物等类别。从传播目的看，有审美型展览，如书画展、陶瓷展、绘画展等；有叙事型展览，如讲述一段历史、一个人物或事件等；有学术型展览，如学术研究历程与成果的展示。不同类别或不同传播方式的展览，是博物馆对多样性文化的多元化呈现，是丰富与创新文化传播的方式。以学术为导向，不迎合、不落俗，科学的态度、严谨细致的文风，能体现当前阶段的学术研究成果与水平，向公众展示当代学者们严谨的科研态度。尤其是展示中华文明起源、形成与发展最新研究成果的展览，更能让公众感受到自强不息、厚德载物的民族精神。应坚持在通过学术型展览为研究人员与文化爱好者提供最前沿学术信息的同时，积极主动实现社会教育活动的创新，如文化沙龙、手工作坊、普及读物等，引导与提升普通观众对学术型原创展览的认知，为中华传统文化的复兴做出探索性的努力。

四、原创展览的发展建议

（一）展示原创展览策划团队

一个原创展览的策划、主题选定、文本撰写等各项基础工作，都凝聚着首创团队成员的心血。策划团队由展览首次主办单位、文本撰写者、形式设计师等成员构成。从尊重他人成果、鼓励展览原创的角度出发，在展览区域公示首创团队的成员，积极地引导博物馆去关注原创者，推动博物馆对原创展览的认知，激励各单位研究人员从事文物藏品的基础研究。同时，对外公布策划团队有助于提升展览的策划、实施品质。

（二）利用与开放文物藏品信息资源

出于历史原因，文物藏品管理处于相对封闭的状况。馆与馆之间、馆内部门之间，文物藏品信息处于相互隔绝的状况。因此，原创展览要获取文物藏品并非易事。谁拥有了文物藏品信息资源，谁就掌握了原创展览的话语权与首创权。这严重阻碍了博物馆原创展览的研发，以及学术研究水平的提高。2017年4月7日，国家文物局发布了《第一次全国可移动文物普查工作报告》，其中提到，全国普查涉及的文物有108154907件/套。完成登录备案的国有可移动文物为26610907件/套。普查采集27项收藏单位信息和15项文物基础信息，建成国家文物资源数据库，录入文物照片5000万张，数据总量超过140万亿字节，有效构建全国可移动文物大数据。今后，可移动文物数据库的建立与开放，将极大提高文物的利用率，真正让文物活起来。

参考文献

[1] 侯春燕. 原创性展览的界定和功能——中国博物馆协会博物馆学专业委员会2012年学术研讨会综述[N]. 中国文物报,2012-11-28（6）.

[2] 孔梦悦. 中华玉文化中心建设的回顾和展望[C]//杨晶，陶豫. 玉魂国魄——中国古代玉器与传统文化学术讨论会文集（七）. 杭州：浙江古籍出版社，2016：417-424.

[3] 陆建松. 博物馆展览策划：理念与实务[M]. 上海：复旦大学出版社，2016.

[4] 尤仁德. 古代玉器通论[M]. 北京：紫禁城出版社，2004：绪论2.

[5] 张忠培. 在中华玉文化中心第五届年会上的讲话[C]//杨晶，陶豫. 玉魂国魄——中国古代玉器与传统文化学术讨论会文集（七）. 杭州：浙江古籍出版社，2016：1-8.

中小型博物馆原创临时展览的实践与思考

——以"天目苕华——安吉建县1830年纪念展"为例

刘　晓　安吉县博物馆

摘要： 临时展览是基本陈列和专题陈列的重要补充和延伸，但在地方财力、专业人才等多种因素制约的情况下，中小型博物馆怎样才能更好地筹划原创展览，这是一个问题。文章从策展前的准备、展览的组织实施、展览的宣传推广三方面介绍了"天目苕华——安吉建县1830年纪念展"临展的筹备过程，并对中小型博物馆如何在多方面因素的制约下更好地筹划原创临展进行了思考。

关键词： 中小型博物馆；原创临展；实践；思考

面对时代的发展，观众对博物馆的要求越来越高，博物馆的社会功能也越来越丰富。在这种大环境下，临时展览因其特殊性，成为基本陈列和专题陈列的重要补充和延伸。中小型博物馆多数是引进临展，但要充分提高藏品利用率，提升博物馆人员的专业素质，原创临时展览仍是重要手段。在地方财力、专业人才等多种因素的制约下，中小型博物馆如何更好地筹划原创临展是我们一直关注的问题。本文结合"天目苕华——安吉建县1830年纪念展"（图1、图2）的实践，对中小型博物馆原创临时展览做一些思考。

■ 图 1　"天目茗华——安吉建县 1830 年纪念展"序厅

■ 图 2　"天目茗华——安吉建县 1830 年纪念展"展厅一角

一、策展前的准备

（一）展览背景

展览背景是展览的大前提、大方向。安吉建县于公元185年，汉灵帝取《诗经·唐风·无衣》中的"安且吉兮"，赐名"安吉"。2005年，时任浙江省委书记、省人大常委会主任习近平同志在安吉余村考察时提出"绿水青山就是金山银山"。2015年8月，两山论坛在安吉余村召开。为配合两山论坛的召开，安吉县博物馆筹办"天目茗华——安吉建县1830年纪念展"。

（二）展览主持人

展览主持人主要编制陈列大纲，遴选展品，把控展览形式设计及实施过程中的协调工作。综合考虑后，确定熟悉安吉历史发展、了解馆藏情况、展陈经验丰富的程亦胜先生为项目主持人，负责编制陈列内容，把控形式效果，协调展览筹备及组织实施工作。

（三）展览基本形式

临时展览的基本组织形式大致有图片展、实物展、多媒体展，相互之间没有明确界线，主要看以何种形式为主。不同的临展形式适合不同的展示条件及场所，也会收到不同的展示效果。从临展策划到临展实施完成，展览形式有其不确定性、多变性，因展览内容、展览所搜集到的资料等各方面原因，会不断调整，但在展览准备初期，展览主持人应有大致的形式把握。由于展览内容、展览规模的提升，"天目茗华——安吉建县1830年纪念展"从最初的图片展升格为实物展。

二、展览的组织实施

（一）根据展览背景，提炼主题

在展览背景下，应提炼合适的展览主题，作为整个展览的灵魂、各个环节的标杆。无论是后期的展览结构、内容选择、行文风格还是形式设计，都围绕主题展开，风格统一。在展览大背景下，"天目苕华——安吉建县1830年纪念展"确定了"绿水青山就是金山银山，保护好绿水青山即守往了金山银山"的主题定位。

（二）拟定展览结构，搜集相关资料

确定展览主题后，应拟定展览结构，厘清展览大致由几部分组成，再根据结构搜集资料。当然搜集资料并不是一蹴而就，往往随着大纲的不断细化而不断进行，也正因为事先无法预知能搜集到的材料的种类及质量，所以在搜集时多多益善。能搜集的资料包括文字资料、图片资料、文物资料等方面，在展览大致结构确立之后，应成立展览筹备小组，进行人员分工，确定搜集文字、图片、文物及处理图片的人员。"天目苕华——安吉建县1830年纪念展"以建县后的1830年为界，并以1830年以来安吉的情况为重点，1830年之前的简单述及，大致分为"建县以前的安吉""建县以后的安吉""安吉1830年间的记忆""现在的安吉"来阐述。第一部分简要介绍建县以来安吉县城的变迁；第二部分采取回忆的方式，通过介绍重要遗存来简要概述安吉建县之前的历史和地位；第三部分重点讲述安吉建县以来山水方面在历史长河中留下的记忆，包括安吉重要的关隘、文人雅士在安吉的足迹及安吉的名人等；第四部分则介绍了中华人民共和国成立以来，特别是改革开放以来安吉所取得的成就。展览的四个部分有重点有突出，根据展览的主题定位，以第三部分和第四部分为展览的重点和亮点，再针对以上四方面来进行资料的搜集。

（三）细化陈列大纲，确定章节内容

在资料搜集告一段落后，应根据搜集到的材料进一步细化陈列大纲，确定章节内容。有些资料可能出于各种原因无法找到，也有一些预想之外的资料被搜集到，因此展览主持人在汇集所有资料后，应对陈列大纲进行调整和细化，再根据新的调整要求搜寻新的资料。

"天目苕华——安吉建县1830年纪念展"中，第四部分"现在的安吉"需要各相关单位提供安吉现今各方面情况的资料。虽经过事先沟通，对各单位所需要提供的资料都有一个大致的内容分类，但提交上来时往往有不尽如人意的地方，需要不断继续沟通。如果资料确实不足，无法展示，就得及时调整方向，譬如第四部分中原先制定的"五轮转出新乾坤"的转椅业版块被替换成"泛自然博物园"。在陈列中类似这样的情况会有很多，需要根据实际情况对陈列大纲进行调整。

（四）提炼章节文字，美化展览标题

展览的序言如同一本书的序言，是对一个展览的概括。观众可以通过序言产生对该展览的兴趣。序言的文字语言风格尽量简练、明快、优美、概括性强，要能吸引观众的眼球。不同的展览有体现自己个性的表达方式，"天目苕华——安吉建县1830年纪念展"本身以山水为主题定位，所以在序言行文上采用抒情的方式。以下是"天目苕华——安吉建县1830年纪念展"的前言：

"景昃鸣禽集，水木湛清华。"

安吉，人类向往的诗意栖居地。绵绵天目山、悠悠苕溪水，安吉经济、文化的源泉。数千年来，这片青山，这溪绿水的守望者——安吉人，在构筑中华民族伟大复兴之梦的同时，亦一如既往地为再创辉煌的安吉，不懈努力。

优美的语言道出了展览的内容，也激发了观众的爱乡情怀。同时，展览还确定将"安且吉兮""安吉溯源""安吉记忆""安吉梦华"作为四个部分的导览标题。"安且吉兮"取自诗经，故作为建县以来安吉的情况概括；"安吉溯源"顾名思义是安吉建县以前的情况；"安吉记忆"简单明了，讲述了山水间的记忆；"安吉梦华"阐述了一个一个安吉梦在不断地实现。最后以"探赜安吉"作为结束语的标题，意为未来的安吉在不断探索中继续前进，简洁又直观。

此外，好的展览标题能起到提纲挈领的作用，让观众瞬间就能记住。安吉建县1830年纪念展取名"天目苕华"，"天目"指的是环绕安吉的天目山，苕华是美玉之名，蕴含着安吉是天目山中一块美玉的寓意，形象又贴切。

（五）根据内容特色，进行形式设计

展览内容再好，也要通过适当的形式才能完美展现。展陈形式设计包括展览环境的形式设计及展览内容的形式设计两方面，无论哪方面的形式设计都要以主题定位为基准。

环境的形式设计上，"天目苕华——安吉建县1830年纪念展"的展厅总体采取清新典雅、庄重闲适相结合的基调。展厅内配有鸟语花香主题的音乐，潺潺流水、嘤嘤鸟鸣等声音集于其中，体现了安吉自然环境的优美。由于布展的临展厅原为书画展而设计，展柜不宜展陈图片类的历史展，因此所有展柜都需做适当调整，玻璃面上下用无色磨砂塑膜封闭，再在膜面加略深于展柜颜色的古建筑挂落、栏杆做装饰。内容的形式设计上，因展览前三部分为记忆，所有照片都泛黄做旧，与第四部分"安吉梦华"的当代彩色照片形成鲜明对比。第三部分"安吉记忆"中的大部分关隘如今都已不复存在，为了让观众有更直观的了解，在关隘原址的照片上，进行处理以增加关口效果；为了不至于混淆，又对关口进行调整，与原址形成透明度上的不同，以示后期加工处理；在对关隘文字描述中也注明"记忆中的""系依据当地老人记忆还原的关隘之景象"。

当然，形式设计也经历了不断调整完善的过程，"天目苕华——安吉建县1830年纪念展"在整体设计效果排出后，版面整体过于松散、呆板，故增加吴昌硕印章错落在展板之间，对展览整体效果进行点缀，使得展板更为灵动。

（六）展览布置

展厅外环境和装饰工作在展览主持人的指导下由专业的公司进行安排，而展品布置方面，无论出于展品安全方面的考虑还是专业技术工作特殊性的考虑，均由博物馆的专业技术人员操作。在拟定的展品清单里，由于受展厅面积、展线长度、布展效果等多方面因素的影响，展柜的展品可能会有所调整。因此，布展时应制定严格缜密的布展方案，"天目苕华——安吉建县1830年纪念展"展陈时文物出库、文物清洁、展品上柜、定点保卫、文物退库、后勤保障、灯光调整等各个环节安排专人负责，保证布展的安全有序。

三、展览的宣传推广

在快节奏的信息社会中，只有配合行之有效的宣传手段，选择灵活多样的宣传方式，才能让观众及时准确地获取展览信息，达到"广而告之"的宣传效果。信息技术高速发展的今天，电视、报纸、网络等都成为博物馆宣传展览的媒介和载体。博物馆只有充分认清形势，从宣传和传播的角度着眼，具有计划性和前瞻性地留出充分的宣传预热期，才能使观众了解展览的相关情况，以便从容地安排参观时间。宣传手段应具有适用性强、接地气的特点。"天目苕华——安吉建县1830年纪念展"在展览开幕前精心设计了大幅户外

■ 图 3 "天目苕华——安吉建县 1830 年纪念展"开幕式

■ 图 4 "天目苕华——安吉建县 1830 年纪念展"图片展到乡镇、学校巡展

海报，置于门口显著位置，安排专人负责在微信、网站上发布动态，以契合"互联网＋"时代。举办开幕式（图3）时广邀各界朋友，包括一些老同志、乡（镇、街道）的主要负责人、劳动模范代表、部分高层次人才代表、志愿者代表等，并及时进行宣传发布的更新。此外，为了让展览宣传得更加到位，展览方浓缩展览内容，制成30块展板（图4），到各乡镇、学校进行巡回展出。

四、中小型博物馆原创临展的几点思考

受地方财力、思想理念、专业人才和管理模式等多方面因素的制约，中小型博物馆在组织原创临展方面存在不少困难。从临展策划到最终实施完成，从前期的观众调查到最后的宣传推广，如何在操作过程中克服不足，笔者在"天目苕华——安吉建县1830年纪念展"实践中曾有思考。

首先，展览内容中学术观点、框架结构、文字表达、展品组合、形式表现等的准确性、合理性，决定了展览的高度，需要加强研究。学术研究是博物馆发展的灵魂，展览旨在向观众传授文化、知识，提出的观点、反映的内容必须建立在客观学术研究的基础上。但表达学术知识时并不能一味地使用教科书式的学术语言，而要力求做到深入浅出、通俗易懂，使"学术问题通俗化，理性问题感性化，知识问题趣味化，复杂问题简洁化"[1]。这就要我们研究将面对的观众，研究陈列展示的方式，研究陈列的切入点，通晓本馆藏品的种类，包括某个时期某个专题的文物种类及数量。只有深入细致地研究，才能有针对性地开展工作，实现专业性、学术性与趣味性、观赏性的有机结合，把更多的观众吸引到博物馆。

1　向文思. 苏步青纪念馆展览文本 [D]. 上海：复旦大学，2013.

其次，中小型博物馆馆藏文物精品有限，文物类别单一，种类和数量都有所欠缺，而精品文物又大都被用于基本陈列中，加上在场馆条件、地域文化、研究方向上也各有异同、各有所长，这就需要我们整合能整合的资源。博物馆之间应在藏品资源、学术成果、专业人才方面进行专业互补和资源共享，互通有无，甚至吸收社会上的资源、人才，与社会组织合作，共同举办展览。

再次，展览主题的准确表达，需通过有效的展览形式对展品本身及其在展示空间中的关系做出深层次的表现。但中小型博物馆基本上无专门的形式设计岗位，通常委托设计公司设计制作，这就容易造成工作脱节。设计人员在拿到展览内容大纲后，因不熟悉内容、文化内涵，设计的形式往往不能恰当地表达内容设计人员的意图。因此，设计人员需提前介入，熟悉展览内容，了解展览所要表达的主题，而在设计过程中，展览主持人需不断对设计效果进行把关调整，将展览的内容通过各种技术正确合理地表达出来。另外，中小型博物馆经费有限，所以在将展览设计付诸实际制作的过程中，应在保证展示效果的前提下尽可能采用可循环使用的材料。

最后，临时展览有别于常设陈列，其时效性很强，因此对宣传的要求更高，需加强宣传推广，积极主动地向社会公众宣传，向同行、专家推介，通过电视、电台、报纸、互联网等途径在展览开展前、中、后分阶段进行宣传。同时，还需要开展一系列的宣传推广活动，从馆内到馆外，涉及的内容越广泛越好，形式越丰富越好。当然，由于活动经费的限制，在举办活动时可通过与社会团体联合举办以节约经费，实现共赢。

参考文献

[1] 曹兵武. 博物馆展览：策划设计与实施[M]. 北京：学苑出版社，2006.

[2] 林章芹. 博物馆应高度重视临时展览的理论研究与实践[J]. 文物春秋，2004（2）：65-67，78.

[3] 魏明. 临时展览的特性与形式设计[J]. 中国博物馆，1997（3）：60-63，82.

[4] 武贞. 博物馆临时展览与策展人[J]. 博物馆研究，2013（2）：36-40.

[5] 向文思. 苏步青纪念馆展览文本[D]. 上海：复旦大学，2013.

县级博物馆的原创性临时展览简论
——以余姚博物馆为例

🔲 李安军　余姚博物馆

摘要： 县级博物馆应牢牢把握地域文化诠释与传播这一策展理念，把原创性临时展览的策划与实施置于博物馆事业发展的战略地位。本文对当前县级博物馆临时展览工作的现状进行了评估，提出加强研究支持、建立策展人制度、强化宣传推广等举措，以全面提升原创性临时展览的水平和博物馆的整体形象。余姚博物馆在诸多方面进行了有益的探索。

关键词： 县级博物馆；原创性临时展览；策展人制度

一、引　言

博物馆保存、研究和再现历史的记忆，而陈列展示是博物馆为社会大众提供服务的基本功能[1]。伴随着经济和社会的迅速发展，中国的博物馆事业也进入了快速发展的黄金时期，这就要求博物馆进一步提升陈列展览水平，强化和落实文化惠民的理念与责任。原创性临时展览概念的提出，旨在提升新时期博物馆的主动应变能力，以创新求变的态度、思维和行动，应对和满足社会公众对博物馆变革和发展的需求。

在社会文化日益多元的时代背景下，县级博物馆作为我国为数

1　李卫平．博物馆的陈列展示 [M]．北京：中国书店，2013：20．

最多的基层博物馆，已经成为县域公共文化服务体系的重要组成部分。除了基本陈列以外，县级博物馆策划并举办了丰富多彩的临时展览，以满足不同社会群体的精神文化需求。但囿于各种主客观因素，这些临时展览大多"原创性"不足，影响了博物馆作为地方文化机构的整体形象，也不利于博物馆人才的培养和博物馆作用的进一步发挥。笔者认为，县级博物馆承担着传承并弘扬一个地方历史文化的重任，在临展组织策划中应牢牢把握地域文化诠释与传播这一策展理念，把原创性临时展览的策划与实施置于博物馆事业发展的战略地位。通过加强研究支持、建立策展人制度、强化宣传推广等举措，全面提升原创性临时展览的水平。

二、县级博物馆原创性临时展览工作的现状评估

"十三五"期间，全国各地的博物馆以独立办展及合作办展等方式积极策划原创性临时展览，其选择的主题不断拓展，推出的频率不断加大，交流的范围不断扩大，社会关注度不断提升，已形成了博物馆文化发展的重要景观。目前，全国的大中型博物馆和少数条件较好的基层博物馆在策划原创性大型展览、国内外合作办展等方面更是精彩纷呈，成就卓著。但由于受资金、专业力量、馆藏资源、社会环境等条件的制约，大多数县级博物馆的原创性临时展览工作相对较弱，主要表现在以下几个方面。

（一）缺乏展览规划，应景性的较多

举办原创性临时展览，也应该有制定项目规划的需求。大多数县市级博物馆没有专门的比较科学的展览规划，或虽有年度的计划数量，却没有具体、确定的展览项目，只是根据实际情况仓促确定项目，随意性较强，从而造成展览准备不充分，如出现预算资金不

能及时到位、方案设计匆忙等状况，严重损害展览的实际效果。

（二）精品意识不强，展览水平较低

基本陈列一般不会在短时间内调整或重新布置，所以临时展览往往成为一个博物馆实现长期目标、发挥自身作用和功能的重要着力点。但"临时"的性质决定了其展览时间短、财政支持力度小的特点，因此一些博物馆往往缺乏应有的精品意识，不愿投入足够的人力和物力。它们在创意策划、内容和形式设计、施工布置等展陈的各个环节中显得比较粗放，有时甚至粗制滥造，打造不出高水平、高质量、有影响的展览项目，以至于很多展览只图"短平快"，科研深度不够，文化含量缺失。

（三）推广宣传工作较为薄弱

一个临时展览想要获得成功，除了要打造好的展览项目外，还需要同时开展学术讲座、媒体宣传、文创开发等与之呼应的活动，强化展示效果。但许多县市级博物馆往往疏于这类工作，仅满足于展品、图版的简单展示，没有系统化的推广策略与举措，使展览无法产生预期的影响力。

三、提升县级博物馆原创性临时展览工作水平的几项对策

临时展览尤其是原创性临时展览是衡量一座博物馆专业水准、社会地位和影响力的重要指标。为了让更多的观众走进博物馆，博物馆策展人需要改变传统的陈列展示理念，重视博物馆展示的创新与多样化，广泛、合理地运用科技，并通过富有创意的展示手法加以表现，努力构建出真实的情境，使展览内容与观众的生活经验密切相关，赋予展览更多的情感因素，并让观众在参观过程中进行探

究性学习，极大地激发观众参观博物馆的热情[1]。

尽管县级博物馆的展览场地、人才队伍、财政预算都无法与国家级、省市级博物馆相比，但这并不是说，县级博物馆在原创性临时展览工作中可以缺位，可以自我弱化。相反，作为县域公益性、永久性文化教育机构的博物馆，要想长期保持在县域公共文化服务体系中的独特地位，就必须不断提升博物馆的整体实力和竞争力。究竟如何增强博物馆的实力和竞争力呢？我认为，除了举办一些引进性的展览以外，主要是通过不断增强"质量意识""品牌意识"，积极打造原创性临时展览精品，全面带动和促进博物馆的收藏、保管、科研、展示、教育、服务等各项职能建设。

（一）牢固树立"地域文化诠释与传播"这一核心策展理念，增强县级博物馆的固有职能

县级博物馆是县域文化遗产的保护、研究、传承和展示机构，其原创性临时展览首先要符合"本地化"的原则。县级博物馆要牢固树立"地域文化诠释与传播"这一核心策展理念，着力从本地的物质文化遗产和非物质文化遗产——历史名人、特色藏品、古籍文献、民俗文化、红色基因等入手，挖掘、提炼、策划展览的主题。

（二）不断深化地域文化的研究，加强研究成果转化，为原创性临时展览提供支持

一个原创性展览成功与否，往往取决于相关研究的深度和广度。只有深植于地域文化的沃土，博物馆临时展览才能具有真正的"原创性"和自主知识产权，才会拥有可持续的展示内容源泉，博物馆也才能成为"名副其实"的地方文化博物馆。这方面，既要加强本

1　赫尔雷格尔，斯洛克姆，伍德曼.组织行为学 [M].俞文钊，丁彪，译.上海：华东师范大学出版社，2001：109.

馆的研究工作，也要利用好其他单位和社会力量的研究成果。

（三）积极探索、尝试建立策展人制度，提升原创性临时展览的水平

展览策划是博物馆的"主营业务"之一，它所对应的策展制度创新，是博物馆行业发展、博物馆陈列展览技术进步与博物馆人自身素质提高的内在要求[1]。目前，大型博物馆一般拥有较强的策展人才，也逐步建立了符合国情的策展人制度。首都博物馆、浙江省博物馆、湖南省博物馆、南京博物院等一些大馆已开始实行策展人项目负责制。而县级博物馆往往受人员专业力量等条件的局限，陈列展览的力量较为薄弱，临展的组织策划基本上以业务部门为主来实施，展览任务落在"部门"而不是"人"上，更没有专业的策展团队，因此更有必要根据实际情况积极探索，尝试建立策展人制度，以提升原创性临时展览的策展水平。策展人可以由本馆的人担任，也可以在博物馆理事会会员中委任，招聘外馆、外地、其他部门和单位的专家，同时明确其职责。当然也可以建立策展团队，聚合陈列展览所需的各方面专家来负责、统筹整个展览的实施工作。

（四）高度重视原创性临时展览的宣传推介工作，努力增强展览的效果和"溢出效应"

展览的营销策略也是我们应该十分注重的环节。采取"展览＋"模式等宣传形式，通过报刊、广播、电视、网络、广告、微信等媒体，对原创性陈列展览进行大力宣传报道。主要包括展前一般宣传介绍、开幕时集中报道、展中深度或重点追踪报道，以传播陈列展览信息，扩大陈列展览的知名度和影响力，其中提前预热也可以吸

1　胡锐韬 . 试论新型博物馆策展人制度的建设——以广东省博物馆的展览项目主持人实践为例 [J]. 中国博物馆，2015（4）：102-106.

引公众的关注，激发公众的参观兴趣。有条件的可以组织策划学术研讨会、展览讲座等相关学术活动，配合陈列展览设置专题片演播厅，为观众特别是儿童打造互动体验空间，开设文物艺术品鉴赏沙龙等延伸项目。力图通过原创性临时陈列这一平台，打造地域文化的盛宴，使博物馆以更加开放的姿态融入社会，以多元的方式服务社会，将博物馆建成公众共享、参与、体验地域文化的精神家园。

四、余姚博物馆的探索与实践

余姚位于浙江东部沿海地区，历史悠久，人文荟萃，自古就有"文献名邦"的美誉。2003年，余姚博物馆建立。2010年扩建。建馆以来，余姚博物馆始终以保护、传承、弘扬姚江文化为使命，以地域文化的诠释与传播为核心策展理念，在原创性临时展览工作中进行了一些探索，取得了一定成果。

2004年以来，余姚博物馆积极利用馆藏资源和社会资源，陆续精心策划、举办了"田螺山遗址考古成果特展""余姚市第三次全国文物普查成果展"、"翰墨书香沁姚城——余姚市古籍普查成果展"等近10个工作成果展，"姚江家谱展""科举文化史料展""越窑青瓷展""名城记忆——余姚老照片展""纪念抗日战争胜利70周年抗日货币展""匠心竹韵——江南传统工艺竹篮展""馆藏中国钱币展""顺佑铜钿 礼俗相传——浙东民间压胜钱特展""名邦遗珍——余姚民间典藏系列展"等近20个地域文化特展，参观者合计达80万人次，取得了良好的展陈效果。

为了增强展览的效果，扩大展览的影响，余姚博物馆还创办了"姚江文博讲坛"作为展览活动的学术平台，在展览期间，邀请市内外专家学者举办学术讲座、出版研究著作。另外，余姚博物馆还通过报纸、电视等传统媒体及网站、微信等新媒体，对展览的整个过程进行了及时报道和推送。应该指出，余姚长期积累的本土文化研究成果、学有专长的余姚文化"达人"，在展览策划和实施中也发挥了至关重要的作用。

　　通过积极打造原创性临时展览精品，余姚博物馆有效深化了爱国爱乡的主题教育，有力提升了其在余姚市公共文化服务体系中的地位，成为深受余姚人青睐的"文化客厅"。

参考文献

[1]　赫尔雷格尔，斯洛克姆，伍德曼. 组织行为学[M]. 俞文钊，丁彪，译. 上海：华东师范大学出版社，2001：109.

[2]　胡锐韬. 试论新型博物馆策展人制度的建设——以广东省博物馆的展览项目主持人实践为例[J]. 中国博物馆，2015（4）：102-106.

"绿色崛起"引领下地方博物馆原创性陈列展览设计研究

🔲鲍仕才，吴剑梅　武义县博物馆

摘要： 地方博物馆原创性陈列展览设计必须深入研究地域历史文化，精心梳理文化脉络，充分利用馆藏文物，挖掘其内涵和故事，为原创陈列展览奠定充分的展示基础。在内容上简洁明晰地提炼，在手法上富有创新的活力，在理念上坚持以人为本的导向，在表现上实现活态传承与情感化的相融。地方博物馆要以"绿色崛起"理论引领原创性陈列展览设计，通过博物馆展览载体宣传和展示地方优秀文化，使地方历史文化能真正惠及民众，推进生态文化建设，促进社会主义核心价值观真正深入民众心中，推动中华优秀文化可持续发展。

关键词： "绿色崛起"；原创陈展；设计研究

一、研究背景

1962年，美国海洋生物学家蕾切尔·卡逊出版了《寂静的春天》，以大量的事实论证了技术革命给生态环境带来的严重破坏，给全世界敲响了警钟，拉开了"生态学时代"的序幕。

2015年3月，中共中央政治局会议上首次提出了"新五化"概念——"新型工业化、城镇化、信息化、农业现代化、绿色化"。这次会议把生态文明摆到了非常高的位置，提出不仅要在经济社会发展中实现发展方式的"绿色化"，而且要使之成为高级别价值取向。

国家对生态文明的重视达到了一个前所未有的高度，朝着生态文明建设的总体目标进发。

2014年，浙江省武义县开展"绿色崛起"战略研究，形成了《武义县实施绿色崛起战略研究报告》，提出构建绿色经济产业体系，要以绿色文化为先导、绿色创新为动力、绿色政策为支撑，发挥本地优势，形成绿色产业体系，提升区域经济持久竞争力，促进经济社会文化生态全面、和谐、可持续发展，从而实现"绿色崛起"的宏伟目标。

2014年3月，武义县博物馆启动新馆建设和陈列大纲设计工作，在遵循"绿色崛起"战略要求的同时，紧扣武义最具优势和潜力的生态产业主题，以生态理念统筹三次产业、城乡、经济、文化和社会发展。新馆建设需要坚持生态意义上的资源节约、环境友好理念，其陈列大纲设计更注重武义地域特色、资源禀赋、公序良俗和文化底蕴等内容的提炼、研究。武义县博物馆新馆建设选择"绿色崛起"路径和方向，实现了武义县实施"绿色崛起"战略的目标。

二、"绿色崛起"概念及其与博物馆陈列展览设计的关系

（一）"绿色崛起"概念

"绿色崛起"主要指以生态保护为前提，以经济崛起为核心，以文化建设为支撑，以社会建设为基础，以政治建设为保障，用最小的环境代价和最合理的资源消耗获得最大的经济社会效益，推动地区在青山绿水中异军突起，构建跨越发展的、具有区域特色的科学发展模式。

它强调人与自然和谐共处，并在可持续发展的条件下实现经济崛起。要实现"绿色崛起"，必须摒弃旧工业化道路。

（二）博物馆陈列展览设计概述

《中国博物馆学基础》阐述了陈列展览设计。博物馆陈列是在一定空间中，以文物、标本为基础内容，配合相关辅助展品，按一定展品主题、序列和艺术形式组合而成的，直接宣传信息的展品群体。博物馆陈列展览设计是为了展示和传承文化与艺术展览，它是一个本土化历史与文化的展示设计，包含陈列内容设计、陈列形式设计，两者既有联系又有区别，都遵循着博物馆陈列展览的规律。陈列展览设计的内容和形式都是为了体现博物馆集约使用、功能集成的特点。

（三）"绿色崛起"与博物馆陈列展览设计的关系

2015年党中央提到"新五化"和武义县实施"绿色崛起"的举措都表明，"生态文明"终于有了落实方案和路径，生态文明建设是一个总体目标，而"绿色化"则是具体道路。中华文明传承五千多年，积淀了丰富的生态智慧。

大部分博物馆陈展规划设计全面梳理、深入研究生态文明，体现了人类社会中每次历史和文化进步的重大成果。生态文明始终贯穿并集中展现在典型事件和特色文物上，反映了当时人与自然的和谐发展。精美文物资源以博物馆陈展的环境承载能力和展示方式为基础，使人们通过陈展感知和认识历史和自然规律。博物馆多方面、多角度地教化人们的思想，起到很好的教育作用，并弘扬生态文化，促进绿色发展，建设美丽中国，走向生态文明新时代。

"绿色崛起"与博物馆陈列展览设计的关系基本如下：

（1）在归集点上，"绿色崛起"以文化建设为指导，贯穿于生态文明中；而博物馆陈展规划设计以历史文化为支撑。建设生态文明是总目标，通过"绿色崛起"的具体形式来表现。博物馆陈展以人类历史发展长河中的历史文化再现让人们追忆，教育引导人们珍惜历史，传承中华文化精华，推动生态文明建设。最终，两者大的归集点在于生态文明建设。

（2）在共赢点上，"绿色崛起"是政府战略指导层次，而博物馆陈展规划设计是"绿色崛起"战术的实践层面。随着社会文明建设的发展，生态环境在群众生活幸福指数中的地位不断凸显，追寻目的是让人民群众享受优美的环境和公共文化需求，这也是两者的共赢点。

（3）在目标点上，"生态文明"贯穿于中国特色社会主义的政治建设、经济建设、社会建设、文化建设中。建设生态文明是关系人民福祉、关乎民族未来的大计，体现了"绿色崛起"。实现中华民族伟大复兴的中国梦，是两者的共同目标点。

三、武义县博物馆原创性陈列展览设计研究

武义县博物馆新馆位于武义北岭新区青龙湖岸边，坐北朝南，远眺武义三江口，湖光山色宜人。在武义人的眼里，武义有着"如诗似画，碧水绿妆"的熟溪河，千亿年红岩绝壁，不仅有绿水青山和城市美景，还孕育了武义城市个性和地方文化特征。武义的山川水系、馆藏文物、不可移动文物、民间风俗、文化脉络等，都是进行原创陈列展览设计的源泉。

（一）武义县博物馆陈列展览的顶层设计

武义县博物馆陈列展览坚持以"提炼地域文化、弘扬人文精神、增强区域团结、传承人类文明"为使命。它的陈列展览分为历史文化基本陈列（主题厅）、专题陈列（特展厅）和临时陈列（临时厅）三个部分：（1）基本陈列是博物馆展览的根基和灵魂，可供观众了解地域历史和文化、民风、民俗、重点历史事件和人物，这类陈列以武义境内的历史文化和民族民俗文化为主；（2）专题陈列（特展厅）是博物馆基本陈列的补充和深化，以《南宋徐谓礼文

书》为专题（精品）展陈；（3）临时陈列是博物馆展览的拓展和延伸，为周期性补充展陈，武义县博物馆根据藏品结构和特点，结合不同时期和陈列需要而策划设计临时展览。在陈列展览空间分配上，可以按照6：2：2的比例进行安排，即基本陈列占60%，专题陈列占20%，临时陈列占20%。

（二）武义县博物馆陈列展览的内容设计定位

武义县博物馆总体定位为地方中型综合性博物馆，是集文物展示和研究交流等功能于一身的公共文化机构，具有文物保护管理、收藏研究的作用，展示了武义文化遗产（物质和非物质），成为当地群众、游客认识武义的必到之地。按照有效传播、重点突出、指导设计和服务参观的原则，基本陈列展览主题明确、重点突出；尊重史实、叙事准确；时空兼顾、条理清晰。以基本陈列展览为主体，专题陈列展览和临时陈列展览为两翼，为武义县博物馆展陈内容勾画一个轮廓，划定一个范围和方向，使其更加贴近武义实际，突出区域特点和城市特色。

（1）成为回放武义人文历史的驿站。古代武义江、宣平溪流域养育了武义的先民，孕育了地域文化。武义地处中国东南沿海火山岩带，多丹霞地貌，三面环山，峰峦连绵。以樊岭—大庙岭东西向横贯县境中部，形成武义和宣平两个河谷盆地，县境内的水流成钱塘江、瓯江两大水系，地理格局形成"八山、半水、分半田"，自然风光秀美，被誉为"浙中桃花源"。武义人类发展史悠久并且辉煌，丰厚并且深邃，是多民族集聚的县。基本陈列"由远及近、远略近详"地进行展陈设计，以武义新石器时代的大公山遗址上发现的炭化稻谷粒、石球、石捺及夹炭红陶片文物为史证，万年上山文化为切入点，从远古到辛亥革命为时间跨度。确立武义历史文化发展为主题的陈列，让武义历史上的亮点"亮"起来，使之成为"回放"

武义人文历史的"驿站"。

（2）成为解读武义辉煌宋朝文化的平台。武义与宋朝文化兴衰史有着割舍不断的联系，南宋著名理学大师吕祖谦守祖墓、设堂讲学，著书于明招山，从而形成了包容百家、独树一帜的明招（理学）文化，开启了武义文化先河。明招（理学）文化是武义文化的代表，是浙东学派和婺学的重要组成部分，明招（理学）文化上承宋代理学，下接清代浙东史学，生生不息，薪火相传，在中国文化学术史上影响深远。近年来，武义出土了宋代纸质文物——《南宋徐谓礼文书》，它是我国考古史上首次从墓葬中发现的宋代纸质文书，经鉴定为国家一级珍贵文物。文书详尽记录了南宋中级官员徐谓礼升迁及处理政务的全过程，是全国宋史地方官吏记载最翔实的文史，可谓"半部宋朝官史"。其文书对研究宋代官制与葬制意义重大，极其珍贵。这是武义县博物馆最为重要的文物，也是最具特色的基本素材。它通过博物馆陈列展览这个平台，让更多观众解读这段宋朝历史，是打造武义县博物馆品牌形象、提高公众影响力的重要选择。

（3）成为武义对外文化交流的窗口。延福寺的元代木构件斗拱建筑艺术是江南最为久远的珍品。我国著名建筑学家梁思成及其夫人林徽因曾实地勘查此寺，感叹"实为罕见之孤例"。还有明清古建筑群——俞源。延福寺和俞源都是列入全国重点文物保护单位的精华建筑。民间有许多工艺，如历史已逾千年的漆真漆制作技艺，棕编、竹编技艺，宣平系列小吃烹制，以及武义红曲酒制作技艺等。传承地域特色民俗活动，如初兴于宋朝、繁荣于明朝万历年间，历经千余年保留着原生态风貌的迎大蜡烛和擎抬阁风俗，每年盛行于武义南部乡村；弘扬武义大地历史遗存和人文传承活动中包含的佛教文化、畲族文化、饮食文化、民俗文化及革命史文化等。这些建筑和工艺完全有条件使武义县博物馆成为开展对外文化交流，集中生动展示武义形象，宣传推介武义资源、旅游、区位和产业优势的窗口。

（4）打造武义文化旅游的最佳亮点。武义县博物馆新馆与城市规划馆是哑铃状姐妹联合体，将成为武义县的地标性建筑，也将成为武义创建文化旅游"景区全域化"和"推介营销"资源新产品的好去处。在新馆建设、陈列展览和文创产品中突出中华萤石之乡——萤石的篇章谋划，以及有"华东第一，全国一流"美誉的温泉资源的介绍和营销。此外，江南九寨沟——牛头山、丹貌绝壁——大红岩等生态自然资源集体亮相，展示了武义生态山川的多姿地貌。在非物质文化遗产的传承上，提供武义脱胎漆器、婺州窑等的恢复技艺现场体验，满足了参观者获取信息、学习、愉悦、休闲等多种需求。同时，合理安排陈列展览与休闲环境之间的空间布局，营造开放、温馨的文化休闲空间。使游客在观看文物展览之后，又体验非物质文化遗产的传承记忆，在这里得到理性的升华。如此一来，博物馆不仅是育人的休闲之地，而且让人萌生出追寻武义历史文化的强烈欲望，化作人们实现"绿色崛起"的原动力。

四、武义县博物馆陈列展览的设计个性要求

（一）历史人文上梳理精准

地方史陈列展览是一座城市的历史文化浓缩，要靠文献来反映，更要凭客观存在的历史遗存来见证。在陈列展览形式设计中，需要进行展品资料和学术资料的整理研究，提炼重大的历史事件，概括性地展示历史发展的演变过程。八千多年来，武义地区形成了底蕴深厚、具有浓郁地方特色的历史文化，先后发现了大公山遗址、婺州窑生产加工遗址等。特别是南宋以来，武义开启了文盛时代，人才荟萃，名家辈出。理学首创之一吕祖谦撰写了《东莱博议》，徐特立的《诗集》使兴化成为明清小说的发祥地，近代重彩工笔画家潘絜兹、湖畔诗人潘漠华等也为武义的人文历史写下了浓墨重彩的一

笔。因此，武义县博物馆精准梳理：沧桑历史变迁，南宋人文鼎盛。把握好整体历史和重要人文事件，可以让展览设计主线流畅生动，避免"千馆一面"的现象。

（二）语言风格上有地域特色

在陈列展览的形式设计上，以武义山水为历史脉络，充分展示其历史人文轨迹，围绕"地方特色"做文章。

武义县博物馆力求用简练的手法，将武义婺州窑遗址的重大考古发现、《南宋徐谓礼文书》等重要文献资料与馆藏文物和近几十年来的研究成果结合，一并呈现在观众面前。馆藏文物是历史性展览的主要展示载体。陈列展览中要尽量对文物进行有机组合，文物说明牌要与展板文字相呼应，视频和场景的位置设置要恰到好处；使文物回归到其所属的历史环境氛围中，体现陈展形式设计的和谐之美，使展览有向前发展的原创文化动力。

在陈列展览中，文物语言——说明文字同样重要。文字以其高效的信息传播方式，在原创性陈列展览中发挥着内容串联和精神表达的作用，起到画龙点睛的效果。文物说明牌简约而不简单，尽量阐述与文物相关的历史背景信息，成为文物的"贴身金名片"。

通过一定单元设计武义话和宣平话的体验和互动，充分体现武义语言文化，培植地方文化基因，增强陈列展览的趣味性和多样性。以多组合、多形式的手法，将武义南部山区拉线木偶剧引入展厅表演，艺术语言增添地域风格。将展厅营造成情景交融的艺术殿堂，同时将展厅中的陈列塑造成一个个娓娓道来的地方故事，让人流连驻足，品味地方历史文化的厚重与绚丽。

（三）表现方式上有情感魅力

武义地方史陈列的目的是制作出令人快乐和感动的展览，这是一种着眼于人的内心情感需求和精神需求的设计理念。设计大师菲利普·斯塔克（Philippe Starck）曾说："我不关心我的作品看上去是什么，我只关心它们在人们心中引起的情感。"在设计中全面灌注"以人为本"的设计精神，力求抓住展示中文物亮点的核心，用最新的多媒体展示手段，强调陈列展览内容主体化、个性化的主流思想。采光照明、智能调控方式和空气调控方式手段，使参观环境更宜人，参观效果更佳。

在解决"千馆一面"的问题上，情感化设计是一个很好的办法。作为人的创造性活动，展览的情感化设计在更深层面上体现出对人性的关怀和体贴，它把对人情感需求的充分关注融入设计之中，在陈列展览设计中预留非物质文化遗产——武义"草昆"演示参与等活动空间，以大众能感知的鲜活形象保护和传播文化遗产。满足观众实用性以外的需要，让观众将更多文化产品带回家，为人们带来更多的愉悦和感动。拓展武义陈列展览设计空间和文化内涵创新，使文物展示成为与观众进行关于科学、艺术、历史的对话的平台，将文物本身蕴含的丰富信息展现出来，能启迪参观者心智，使文物成为能感知的鲜活文化传承，这是博物馆人所追求的理想境界。

五、陈列展览原创设计与彰显"绿色崛起"的重要性

武义县博物馆的陈列展览设计在"绿色崛起"理念的引导下，全面凸显历史脉络、文化特色，结构合理，展示丰富，对提升馆藏文化的思想性、科学性和艺术感染力都能起到重要的推动作用。这既保证了历史文化与展示内容的完整衔接，也彰显了武义历史文化的魅力和特色。

为确保武义县博物馆陈列展览设计的严谨性和科学性，应进一步优化设计理念，细化陈列体系和内容框架，彰显"绿色崛起"的

重要性。

（一）突出文物，兼顾"绿色崛起"展示方式

按照"以物叙事、以物证史、以物兴文、以物引思"的思路，精心挑选具有代表性和区域特色，最能展示武义各个历史阶段、文化形态和地域风貌的顶尖文物，对陈展主题思想进行深入发掘和科学提炼，进行创造性的策划和设计。做到"一处风景一个典故，一座建筑一段故事"，使之更加"贴近自然、贴近生活、贴近群众"，更具有时代感，充分体现武义"文旅富县"的战略思想和目标。

（二）注重武义，兼顾高视野文化影响力

武义县博物馆要站在历史大背景下，进一步审视武义历史文化发展态势，凸显武义黑茶文化、婺州外销窑，以及新文化运动先行者潘漠华在武义历史上的重要地位和作用，充分彰显武义文化形态的价值与特色。选择最有爆发力的文物进行布展，展现地方特色文化魅力，从中揭示物化的、形象的展陈背后的文化内涵和政治背景，以此来启发人们追寻地方历史文化，融入"一带一路"新契机中，加强武义文化外向发展的能力。只有这样，才能充分展示武义县博物馆自身的特色和水平。

（三）凸显历史文化，兼顾地方传说

历史文化是博物馆文化展示的核心内容，应进一步挖掘武义"五代帝皇御医叶法善道医养生文化"和"吕祖谦与明招讲院文化"，探寻文物背后的相关史料和传说，让文物活起来，让陈列展览达到雅俗共赏的目的。将展品或展览的其他知识、内涵、意义以轻松的方式释放到观众的大脑中，才是真正意义上的"传播"与"教育"，才能让人在心灵深处认可展陈所表达的主题思想认知度。将观众思

维引向武义地域历史文化思维模式上来，才能真正使博物馆的展览起到提升人民素质、激发爱祖国和爱家乡文化的情感的作用。

（四）讲究专业性，兼顾观赏性和通俗性

博物馆陈列展览深入浅出，注重普及历史和文物知识，采取多种手段，帮助观众看懂展览。还要注意提高展览的学术性和思想性，满足社会公众的审美需求。进一步创新展示方式，如《南宋徐谓礼文书》专题（精品）展陈专题厅，以《南宋徐谓礼文书》的研究成果内容为拓展和充实，在宋代历史概述中增加考古现场视频和实物图，使其具有观赏性和通俗性。同时，以良好的生态环境和地域文脉的展示，将武义宋代历史文化的丰富性和特色内容生动地展示出来，真正将文物的资源优势转化为文化传承与传播优势。通过博物馆载体宣传和优秀文化展示，使其成为武义公共文化服务体系的时代精品展览，推进生态文化建设，促进社会主义核心价值观真正深入民众心中，推动中华优秀文化的可持续发展。

六、结　语

武义县博物馆原创性陈列展览设计通过历史文物揭示"绿色崛起"和变化的起源，诠释早期武义山川地貌的形成与文物在不同时期的内涵的发展关系。博物馆以生态文明的历史发展为主线，设计陈列展览来反映武义的历史起源与发展，沿着历史的脉络，由"绿色崛起"和生态文明带来的经济发展、人文风貌、文化争鸣等各种历史文物串联展开。在布展和陈列上赋予其内涵和活力，拓宽展览与社会教育的功能，开展轻松流畅的游览体验教育，在教育活动中引发观众思考，进行人文精神的重塑，使其确立正确的生态价值和生态伦理观念，形成以"绿色消费、健康生活、和谐发展"为主流

思想的生活方式和社会风尚。武义县博物馆真正成为展现具有地方特色的人文历史的交流平台，进入博物馆就如同走进了生态文明长廊，集聚"绿色崛起"的强大文化合力，努力打造生态平衡、环境优美、人与自然和谐发展的"生态家园，养生武义"。

参考文献

[1]　王宏钧. 中国博物馆学基础[M]. 上海：上海古籍出版社, 2006.

[2]　武义县实施"绿色崛起"战略研究报告——武义县培育"绿色崛起"路径研究[R]. 金华：武义县人民政府，杭州：浙江大学非传统安全与和平发展研究中心，2014.

县级博物馆原创性展览简论

🔲 魏红友　平阳县博物馆

摘要： 原创性展览是县级博物馆核心竞争力的主要构成要素，想要办好原创性展览，不仅要熟悉馆藏文物，还要让展览主题贴近观众，突出地方特色。本文从县级博物馆行政条件受限、现阶段存在诸多问题等现象入手，结合县级博物馆的功能、文物陈列展览的定义，总结出新形势下县级博物馆吸引观众的具体方法，并探讨了原创性展览的三个必备条件和意义。

关键词： 县级博物馆；原创性展览；必备条件；原创性展览意义

博物馆是非营利的永久性机构，是征集、典藏、陈列和研究代表自然和人类文化遗产的实物的场所，也是对具有科学性、历史性或者艺术价值的物品进行分类，具有观赏、教育功能的社会公共机构。同时，博物馆也是全人类收藏历史记忆凭证和熔铸新文化的殿堂，担负着保护、研究和展示人类及人类环境遗存，推动人类文明发展的重要责任。县级博物馆是其中一种类型。

一、县级博物馆

中华人民共和国成立后，博物馆按照行政级别划分为中央、省、市、县四级，行政级别的高低影响着博物馆的开放经费、人员配置、文物藏品等。县级博物馆受到资金、人才、管理、藏品等多种因素的制约，其展览队伍人员不足、藏品数量少、藏品等级不高、展厅空间相对狭小，导致展览质量不高，无法适应人们日益增长的物质和文化需要，最终结果是县级博物馆有效观众较少且存在日益流失的现象。

21世纪以来，党和政府从实现科学发展和促进人类全面发展的战略高度出发，大力推动社会主义先进文化建设。作为公共文化服务体系的重要组成部分，博物馆得到了前所未有的关注和支持。《新形势下博物馆工作实践与思考》[1]中提到："2008年，中宣部、财政部、文化部、国家文物局联合下发〈关于全国博物馆、纪念馆免费开放的通知〉后，浙江省委宣传部、省财政厅、省文化厅和省文物局联合下发〈关于全省博物馆、纪念馆免费开放的通知〉，并召开全省免费开放电视电话会议，安排部署全省的免费开放工作。"浙江省内各地博物馆逐步免费开放，打破限制，不断加强管理，完善制度，提升服务，更加贴近实际、贴近生活、贴近人民大众，形成了免费开放的良好运行格局，受到了人民群众的广泛欢迎，使文化宣传、教育功能得到了充分体现，对中小学教育进行了有力补充，在实现文化遗产保护成果惠及民生、服务人民，丰富公众文化生活等方面发挥了积极作用，为促进精神文明建设和物质文明建设做出了重要贡献。县级博物馆一般有承载所在地区集体记忆之功能，是一部立体的"本地百科全书"，也是反映一个地区历史文化底蕴的窗口和展示一个地区发展文明的平台，以传播本地历史为主，增强民众的爱国主义精神和乡土情结，传承文脉，展示历史文化生长、传承、变迁的规律。文物藏品按照"灵魂"有序排列组合而成的原创性展览对公众的影响是潜移默化的，能有效推动现代社会的不断进步。

1　国家文物局博物馆与社会文物司. 新形势下博物馆工作实践与思考 [M]. 北京：文物出版社，2010.

二、原创性展览

《中国博物馆学基础(修订版)》[1]中提到，博物馆陈列展览是在一定空间内，以文物标本为基础，配合适当辅助展品，按照一定的主题、序列和艺术形式组合而成的，进行直观教育、传播文化科学信息和提供审美欣赏的展品群体。《中国大百科全书：文物、博物馆》[2]中提到，陈列是以文物、标本和辅助陈列品的科学组合，展示社会、自然历史与科学技术的发展过程和规律或某一学科的知识，供群众观览的科学、艺术和技术的综合体。文物陈列展览是博物馆最基本的职能之一，是活跃博物馆工作的一种有效方法，是博物馆开展公共文化服务的直接载体和最佳切入点。文物陈列展览是博物馆独有的语言，是"一种以物质形态表现的知识传播系统"，包括基本陈列与原创性展览，二者都是博物馆核心竞争力的主要构成要素，缺一不可。新形势下，县级博物馆要加强原创性展览的举办，注重展览质量，提高展示水平，可以满足不同观众的多方面要求，有利于促进馆际合作和经验交流，也为培养和锻炼业务干部提供了更多的实践机会。进一步适应新形势下博物馆事业发展的需要，有助于提升博物馆的软实力和文化影响力。

三、举办原创性展览必备条件

（一）熟悉馆藏文物，原创展览主题贴近观众

馆藏文物是博物馆陈列展览和学术研究的根本基础。对于县级博物馆的工作人员来说，要想成功举办富有地方特色与风格的原创

1　王宏钧. 中国博物馆学基础（修订版）[M]. 上海：上海古籍出版社，2001.

2　谢辰生. 中国大百科全书：文物、博物馆 [M]. 北京：中国大百科全书出版社，2004.

性展览，就要了解、熟悉馆藏文物，做到心中有数，再归纳整理，找出规律，并挖掘馆藏文物内涵，还应以突出地方特点为主，设计合理，思想鲜明，力图使内容和形式较好地结合起来，真正让"馆藏文物活起来"，打造出具有鲜明主题意义的原创性展览，发挥出馆藏文物的作用。

主题是原创性展览的生命和灵魂，选对主题才能顺利地把展示内容、目标与有效观众需求相结合，完成一次成功的原创性展览活动。县级博物馆参观记录统计显示，来参观的人员主要有专业性研究者、咨询者、学习者、游览观赏者，其中很大一部分参观人员希望通过某个展览来了解某一领域的知识、动态。所以，县级博物馆工作人员只有找到参观人员的兴趣点，才能熟悉观众，了解观众，在原创性展览的主题策划上具有针对性。工作人员要"设身处地""投其所好"，全方位揣摩观众想法，从而贴近观众，做到"善展人意"。同时，要加大讲解服务力度，最大可能地发挥博物馆的社会教育服务功能，举办老百姓心目中的"好展览"。

（二）原创性展览以人为本，兼具科学性与艺术性

首先，树立"以人为本、观众第一"的思想，更多地考虑博物馆观众在参观时的多样化需求，扩大博物馆原创性展览的受众范围，提高展览质量，进一步探索原创性展览的成功模式。一个成功的原创性展览不仅要留住以往的有效观众，还要具备吸引潜在观众的能力。原创性展览不仅要新颖，还要兼具知识性、趣味性，强调时效性，体现先进的思想性和科学性，更需要重视艺术性，吸引广大群众，这样才能在众多展览中脱颖而出，成为观众瞩目的焦点，进而增大有效观众的数量。

其次，尝试引进专业展览团队与新模式，提升原创性展览的展示水平。新模式的原创性展览在形式上要求多样化、多元化，合理

设计展线，以避免观众参观疲劳，适度使用新技术，兼用逻辑思维和形象思维，打破文物简单摆放的传统展示手段，体现精品战略，提升展品内涵，通过一种"特殊因素"把文物、场景、创作品等串成一条线，吸引公众，激发其参观兴趣，寓教于乐。将原创性展览打造成既有文物展示、图片观赏、互动娱乐、宣传教育，又有科普交流、文化推广的活动，促进信息沟通、技术应用和文化交流等。同时，配合原创性展览策划推出的互动项目，既可以丰富博物馆的宣教内容，激发观众的参观兴趣，又可以加强观众对展览的深层理解和认识，丰富展示内容的重要意义。

（三）原创性展览宣传多元化

原创性展览确定好主题，完成初步方案后，在开始实施布展的同时，要及时、有效地做好对外宣传活动。县级博物馆一般通过本地报刊、广播电视等主流和大众媒体及流动电子显示屏与横幅，对原创性展览进行宣传报道，主要包括展前展览时间地点、展览主题的藏品介绍，正式开展报道和展览进行时重点报道。宣传活动对于扩大原创性展览的知名度和影响力、吸引公众的关注和激发公众的参观兴趣能产生重要作用。

原创性展览的展期相对较短，提前宣传可以使观众从容安排参观时间。如果展览主题和宣传时间不明确或者临开展才进行宣传，部分观众来不及前往参观，则不仅是观众的一次损失，更是展览资源、资金的浪费。

以原创性展览陈列内容为基础而编辑出版的书籍、同名展览画册或图录也是宣传的有效渠道。这种方法既可以将频繁更新、不断流动、展期相对较短的原创性展览以出版物的形式永久保留下来，又可以满足观众将县级博物馆原创性展览带回家的愿望。

四、原创性展览意义

　　作为本地文化的基础设施，县级博物馆是营造良好文化环境、提高社会文明程度的重要条件，也是历史文化名城的主要标志之一。县级博物馆的内部文物藏品按照"灵魂"有序排列组合而成的原创性展览，不仅丰富了家乡人民的文化生活、满足了家乡人民的精神需求，还成为外地朋友了解本地、认识本地的窗口，进而提升本地县域文化的魅力和品位，助推经济、社会、文化、旅游的发展，并促进各领域的合作与交流。此外，县级博物馆还可以促使广大人民群众在深入了解家乡的基础上，更好地爱护家乡、建设家乡。

参考文献

[1]　国家文物局博物馆与社会文物司. 新形势下博物馆工作实践与思考[M]. 北京：文物出版社，2010.

[2]　王宏钧. 中国博物馆学基础（修订版）[M]. 上海：上海古籍出版社，2001.

[3]　谢辰生. 中国大百科全书：文物、博物馆[M]. 北京：中国大百科全书出版社，2004.

论博物馆原创性展览的理论学习和实践探究

□ 童丽娟　衢州市博物馆

摘要： 现阶段，博物馆事业突飞猛进。随着观看展览的人数越来越多，更多的博物馆不再拘泥于原先的文物展览方式，而是纷纷开始探求原创性展览之路，从而增加社会关注度，获得群众的肯定。可以说，原创性展览已经成为博物馆进一步开拓可持续发展道路的重要途径之一。然而，受馆藏、经验等条件限制，原创性展览于中小型博物馆而言尚处于摸索阶段。本文试图从原创性展览的内涵进行解读，进一步思考原创性展览和藏品研究、社教推广之间的关系。

关键词： 原创性；博物馆；展览

博物馆是集收藏、参观、研究、教育等为一体的单位。在社会各界对博物馆的关注度越来越高的背景下，随着时代的发展和观众综合素质的提高，观众对博物馆的要求也越来越高，尤其是对展览的要求越来越高。博物馆再也不能像过去一样，维持千篇一律的展览模式，十年甚至数十年不变。随着时代的发展，原创性展览越来越被社会各界所关注。博物馆只有大胆创新，积极引进新理念，才能吸引观众来参观，从而体现博物馆应有的价值。

一、博物馆原创性展览的理论学习

（一）原创性展览的内涵

原创性艺术是具有创造力的艺术家，依据个人艺术灵感而造就的一类表现形式，无论是在展现形式还是在整体风格上都具有一定的独特性[1]。而博物馆的原创性展览也是由博物馆展览策划人利用一定的艺术思维和创意，就博物馆藏品进行系统化的整合、编排的一项活动，它所展览出的文物具有一定的共性。原创性展览在表现形式上也不是复制已有模式，而是采取具有独创性的陈展方式，借助现代化的创新思维，在展览中追求一种独有的原创性概念。

（二）原创性展览的特性

原创性展览最为主要的特性就是独创性和创新性，由于各个博物馆的藏品特点和研究方向各不相同，因此原创性展览更能突出表现一个博物馆的独特性。而这种特征最根本的形成原因就是博物馆建馆之初的定位、展示手段与发展理念[2]，以及博物馆人员根据本地区博物馆事业发展目标、本馆藏品特色、本地区及国内外行业动态、地域文化内涵等多方面因素而进行的理解和考量。两个方面综合之后，最终展现出原创性展览的特色。

二、博物馆原创性展览的实践探究

（一）原创性展览中的藏品探究

目前，博物馆的藏品研究工作存在一些问题：一是多集中于馆藏

---

1 钟跃英 . 原创性艺术 [M]. 上海：上海书画出版社，2009.
2 宋向光 . 物与识——当代中国博物馆理论与实践辨析 [M]. 北京：科学出版社，2009.

重点文物研究，对其他藏品重视不够；二是偏重藏品的个体研究，缺乏群体藏品的系统研究；三是缺乏系统性和专题性的藏品研究；四是藏品研究与展览创作缺乏衔接，不利于研究成果的转化利用；等等。在举行原创性展览时，应要求馆内工作人员系统地对藏品进行一次研究，这对于提升展览质量具有重要意义，不仅可以解决藏品研究中的零散化、单一化问题，还能确保陈列选题的可行性和陈列内容的科学性。特别是在原创性展览的选题阶段，为进行主题提炼、展览策划、展品挑选、展品组合和展品排列，必须提前对藏品的"联系性"和"记忆性"信息投入大量精力，研究藏品的物质结构和功能作用，将各件藏品的科学资料进行更加丰富的整合，从而保证展览选题科学合理，确保展览内容的趣味性和知识性。可以说，在博物馆内，原创性展览活动和藏品研究工作是双向的，更是互利的。

（二）原创性展览中的社教推广探究

举办原创性的藏品陈列展览活动，可以促进博物馆社会功能的实现，使其能更好地为前来参观的群体提供社会知识教育。时至今日，城市中的博物馆已经不再仅仅是人们参观文化和艺术以及保存、研究文物的地方了，它更需要肩负教育群众的重任。为了保证原创性展览的社会教育功能，在举行原创性展览时，可以借助本馆藏品，开发博物馆具有的本地优势和自身资源优势，构建具有本地区特色的展览活动，从而使得前来参观的群众更容易接受展览中所蕴含的民族情感基调和基本内涵。博物馆工作人员还应该在展览中扩大藏品的广度，挖掘藏品的深度，系统地向参观者显示出文物所包含的文化内涵、文化延伸和文化渊源。同时，对展览中展出的所有藏品以及形成的文化体系进行文字说明，促使参观者更为明确地接受文化知识的熏陶。同时，为了更好地对群众进行社会教育，在展出过程中，各个单元中的展出内容更应环环相扣，互相联系。如果想在展览中表现出这一点，就需要展览策划者对展陈内容进行横向和纵向的研究工作，在其中找到展品的内在有机联系，重点展示与人类活动和发展相关联的内容。从而让参观者更为真切地感受到文物的勃勃生机，让其能够通过参观展览产生某种敬畏之心，从而达到教化的作用[1]。

以上就是笔者对博物馆原创性展览的一些认识和看法，希望能为博物馆原创性展览的可持续发展提供一些借鉴，促进博物馆努力办好原创性展览，这对我国优秀文化的传承具有重要意义。

参考文献

[1] 博寇. 新博物馆学手册[M]. 张云，曹志建，吴瑜，等译.李奉栖，审校.重庆：重庆大学出版社，2011.

[2] 宋向光. 物与识——当代中国博物馆理论与实践辨析[M]. 北京：科学出版社，2009.

[3] 钟跃英. 原创性艺术[M]. 上海：上海书画出版社，2009.

---

1 钟跃英. 原创性艺术 [M]. 上海：上海书画出版社，2009.

谈博物馆展览的空间设计

■ 李　明　　中国湿地博物馆

摘要： 展览是博物馆实现科普教育职能的重要手段。博物馆展览效果的好坏取决于展陈设计，成功的展陈设计能够合理规划博物馆的空间，在人与人、人与物、物与物之间创造出一个彼此交融的空间环境结构。博物馆展陈设计要考虑到的因素很多，本文结合中国湿地博物馆的专题展览实例，从展陈空间规划和展品陈列空间两个方面探讨展陈空间设计在专题展览中的运用。

关键词： 博物馆；展陈空间；设计

近年来，随着文博事业的发展，博物馆在社会中的角色也在发生变化。现代意义的博物馆已经不只是收藏和科研的中心，更是公众的主要信息来源之一，以及进行文化交流和接受科普教育的场所。从一定意义上说，博物馆是一个国家经济发展水平和社会文明程度的重要标志，它对提高国民文化素质、促进国家科学技术发展起着积极的推动作用。

举办科普展览是博物馆的一项重要工作，是博物馆实现科普教育职能的重要手段。通过科学的展陈设计，科普展览将馆藏物品和研究成果向公众陈列展示，起到科普和传播知识的作用。博物馆展览可以分为常设展览和专题展览：常设展览是博物馆展览的主要内容，也是博物馆进行公众科普教育的重要形式；而专题展览以其主题鲜明、展示灵活、定期更换等特点，成为博物馆持续吸引公众的有效手段。作为常设展览的有益补充，专题展览是博物馆可持续发展的关键和重点。

一、中国湿地博物馆专题展厅概况

中国湿地博物馆位于浙江省杭州市西溪国家湿地公园外围，是全国首个以湿地为主题，集收藏、研究、展示、教育、娱乐于一体的国家级专业性博物馆。整个博物馆通过典型湿地的场景复原、多媒体互动和图文展示等方式展现湿地之美，普及湿地知识，从而增强观众的湿地保护意识。

博物馆专题展厅位于三楼，展示面积500平方米，高3.5米，属于长方形专业展厅。吊顶采用黑色铝格栅，墙面采用米色麻布，展厅装有可移动隔断和挂画线槽，可做专业书画展厅，也可将隔断移开做器物标本展（图1）。展厅的优点在于空间规整，有利于实现空间利用率的最大化和展览形式的丰富性。缺点在于展厅层高较低，过高的展品无法展示；此外，展厅位于三楼，虽然装有卸货电梯，但也对搬运展品和布展工作造成了一定的不便。为了弥补专题展厅的缺点，使过高的展品也可以在博物馆展出，中国湿地博物馆的工作人员因地制宜，将博物馆中庭300平方米的空间设置为另一个展示区，足够高的空间和自然光的照射可以使这个展示区呈现独特的展示效果（图2）。

■ 图1　中国湿地博物馆专题展厅　　■ 图2　中国湿地博物馆中庭

二、展陈空间规划

展陈空间规划以满足展陈主题的需求为前提，是展陈设计中至关重要的一部分，其根本目的是让参观者在有限的时空中最有效地接收展陈所要传达的主体信息。所有的展陈手段和语言都是对展陈内容的宣传和衬托。展陈空间规划需要注意以下几个方面。

（一）合理确定展陈流线

展陈流线是联系各展览单元空间的纽带。它根据人的行为方式，把一定的空间组织起来，通过流线设计分隔空间。流线设计需要围绕展示主题展开，针对展示内容，围绕展示主体来对空间进行分析，将展示流线问题与展示内容结合起来考虑，进而进行流线的合理选择和安排。在注重整体流线自然顺畅的同时，还需要考虑参观者的心理感受，使展示流线的长度与人体尺度之间有恰当的配合，也使空间各部分的比例尺度与人们在空间中行动和感知的方式配合得适宜、协调。

（二）突出展陈内容

展陈空间划分需要依据展陈内容突出重点，以点带面，做到主从分明、分合有序、分区有度，形成一定的展示结构和展线构成，尽量避免作用力的平均化使用。展厅设置适当的视觉中心，提升观众兴奋点，使其留下较深印象。

（三）注意协调总体与局部的空间关系

根据具体场地与预算等基本条件，在坚持总体设计风格、突出展陈主题的前提下，综合运用嵌套、交叠、连续、邻接、分离等多种方法，进行各功能空间的格局设定，做到分布合理有序，连接清晰流畅，总体与局部和谐统一。

（四）注重展陈空间的安全性、可靠性及辅助设施空间

空间规划要考虑参观者的安全、方便，保留必要的消防疏散通道、应急指示标志、应急照明和灭火系统等，同时要考虑参观者的通行、休息等要求。此外，展览中将用到的辅助设施设备、仪器、机械装置等，都需要预留空间。

中国湿地博物馆举办的"碧海遗琼 奇古绛树——珊瑚文化展"展陈空间规划依据展览文本，运用空间邻接的设定方法将展厅分成三个展览区域——珊瑚的生物学知识、珊瑚标本区、珊瑚文化，三个区域紧密相连又有明确界线（图3）。展览流线安排流畅，让观众在参观完第一展区，对珊瑚知识有直观了解后深入整个展览的重点——珊瑚标本区。在珊瑚标本区扩大展线，增大信息量，拓展空间，在主流线的基础上又进行分门别类，设定辅助小流线，引导游客仔细观看展示标本，运用嵌套、连续的空间设定方法使整个区域和谐统一（图4）。在展厅的出入口安排场景复原的展示形式，模拟海底珊瑚洞的场景，虽然占据部分展示空间，但是可以增加展览亮点，突出观众的真实体验，激发观众的探知欲，引导观众逐一了解展陈信息的具体内容（图5、图6）。

■ 图3 "碧海遗琼 奇古绛树——珊瑚文化展"区域划分

■ 图4 "碧海遗琼 奇古绛树——珊瑚文化展"场景

■ 图 5 "碧海遗琼 奇古绛树——珊瑚文化展"珊瑚洞场景（1）

■ 图 6 "碧海遗琼 奇古绛树——珊瑚文化展"珊瑚洞场景（2）

■ 图 7 "碧海遗琼 奇古绛树——珊瑚文化展"中庭布置

■ 图 8 "碧海遗琼 奇古绛树——珊瑚文化展"长廊布置

　　展览也可不局限在专题展厅内部。在进行展览设计时，可充分利用博物馆场地做到展示空间延伸。"碧海遗琼 奇古绛树——珊瑚文化展"展利用博物馆的建筑空间特点，在中庭空间制作珊瑚主题的故事场景，利用连接中庭和三楼专题展厅的回旋长廊墙面布置各类珊瑚照片，游客可在中庭欣赏完珊瑚故事后，沿着长廊边欣赏照片边走到专题展厅（图7、图8）。

　　在专题展厅入口的外墙面，布置展览主题和背景，引导游客进场参观，如此设计有效地扩展了展览的展示空间，利用回廊使两个空间有机结合，形成统一整体（图9）。

■ 图9 "碧海遗琼 奇古绛树——珊瑚文化展"展厅入口布置

三、展品陈列空间

在规划展览空间后，需要设计展品的陈列空间。展品陈列空间设计是在陈列空间范围内，通过艺术化的设计对博物馆的馆藏文物、各种标本等进行科学合理的组合，在给社会大众提供欣赏对象的同时，让这些陈列品能够展示社会发展过程中的某些规律。陈列空间设计需要从陈列主题出发，对展品进行宏观构思，从总体上确定展览的陈列风格，然后利用艺术手段和现代科技手段对展品进行有序展示。陈列空间设计要注意以下几个方面。

（一）确定适合的陈列展示方案

不同的展览内容其陈列空间的设置也是不同的，一般展示空间可以分为综合类、艺术类、历史类等陈列空间，不同的陈列空间其设计方案也应不同。例如，综合类陈列空间需要综合考虑自由和多样性结合的原则，围绕一定的展览主题综合陈列。中国湿地博物馆"自然结晶·湿地之魂——矿物精品展"陈列空间设计结合陈列主题，以矿物水晶结构为设计元素在展厅内灵活布局，取得了很好的展示效果（图10）。

■ 图 10　"自然结晶·湿地之魂——矿物精品展"展厅布置

对于艺术类的陈列空间，由于展品一般为书画作品或者工艺美术品，在设计时需要考虑它们各自的独立性，同时需要给观众营造一种全方位的视觉体验，因此会利用隔断或者展柜进行展示。"微观湿界·石上华章——李浩微雕艺术展"的陈列在考虑展陈流线的基础上利用展柜进行展示，使观众可以从不同的角度欣赏展品（图11）。

■ 图 11　"微观湿界·石上华章——李浩微雕艺术展"展厅布置

（二）确定陈列空间的展品密度

展品密度不外乎两种情况：低密度和高密度。这两种陈列方式各有优缺点，需要结合展品及希望达到的展示效果来综合考虑。低密度陈列可以提供便于进行形式设计的宽松、灵活的空间，更倾向于强调展览设计艺术的表达，更容易做到主题清晰、重点突出。同时，由于展品数量有限，观众在首次参观时会被整体的展览效果所震撼，但是多次参观后会兴味索然，感觉展览缺乏充实感。高密度陈列在展览形式设计上具有一定的局限性，在主题提炼上倾向于将主动权交给观众，让观众通过对展品特点进行比较思考，归纳出对展览规律的认识。但是，由于展品众多，观众可能茫然无措，感觉展览杂乱无章，没有头绪。目前，国内的博物馆展览一般倾向于低密度陈列，而国外的展览则以高密度陈列居多。中国湿地博物馆"湿地精灵·蝶影缤纷——蝴蝶文化展"采用了高密度陈列方式，在展墙上对蝴蝶标本进行了密集排列展示，可以给观众一种目不暇接、不能自拔的强烈刺激，观众可以仔细观察不同蝴蝶标本之间的细微区别，以强化展览的科普功能（图12）。

■ 图12　"湿地精灵·蝴蝶缤纷——蝴蝶文化展"标本展示区

■ 图 13　"湿地精灵·蝶影缤纷——蝴
蝶文化展"玩陀螺互动项目

■ 图 14　"湿地精灵·蝶影缤纷——蝴
蝶文化展"拍照区

（三）善于挖掘多元化体验

博物馆陈列空间的展示设计要充分秉承与时俱进的理念，在给观众提供视觉参与机会的同时，可以考虑加入其他感官体验。比如，在做动物标本展示时播放动物的叫声以作为展览背景，在做植物展时释放带森林气味的香氛，使观众在听觉、嗅觉方面也可以沉浸在整个展览当中。此外，还应注重将现代信息技术融入整个展览，比如可以将展品的说明文字内容通过手机应用程序或者微信转换为声音讲解，使观众可以一边参观一边听展品讲解，从而取代传统的说明牌文字叙述，消除观众的视觉疲劳，提高观众的参观兴趣。

（四）充分考虑与参观者的互动

展览要与参观者形成有效的互动，才能充分发挥教育和传播的功能，这也是博物馆提高吸引力的重要途径。"湿地精灵·蝶影缤纷——蝴蝶文化展"中，利用蝴蝶遇到危险时不断扇动翅膀以干扰天敌视线的原理，设置了玩陀螺互动项目（图13），并以卡通蝴蝶造型为基础设置了儿童拍照区，受到了广大观众的热烈好评（图14）。

（五）注重陈列空间氛围的营造

陈列空间氛围的营造离不开空间光效。因此，在进行空间设计时要明确，不同展品对灯光有不同的要求，既要考虑整体空间的照明值，又要考虑不同展品的特点，以确定不同展品的合适照度。为了保证展品照度的均匀度，在利用天然采光时，要进行遮阳设计，并合理地利用光的反射作用，让不同位置的作品都能够得到较为均匀的照度。同时，要注意主空间亮度和辅助空间亮度的对比。对主展品区，要降低其辅助空间的亮度，以便凸显展示区。

四、结　语

博物馆展陈设计是一个独特的设计领域，在充分发挥博物馆功能及满足人们对历史文化的需求方面发挥着重要的作用。随着社会的发展和科技的进步，人文思想逐渐被提到了首要的地位，博物馆设计中也确立了"以人为本"的陈列思想，强调一切为"人"服务、为社会发展服务的宗旨，这预示着博物馆在现代社会中的发展方向。当下，博物馆展陈设计更注重观众的心理，在展示过程中更加强调展品与参与者的互动，增强陈列的亲和性，拉近与观众的心理距离，这正是我们所提倡的给予普通观众以优先地位的理念，也是我们每一位策展人应遵循的原则。

参考文献

[1]　陈倩. 现代文博馆展陈空间设计的方法探究[D]. 武汉：武汉理工大学，2013.

[2]　冯泰林. 博物馆展陈设计的形式与空间布局研究[J]. 中华民居（下旬刊），2014（2）：35.

[3]　李征. 浅谈空间设计在博物馆陈列区中的应用[J]. 青年时代，2014（22）：62-65，67.

博物馆展览语言刍议

□ 王　敏　杭州南宋官窑博物馆

摘要： 展览是观众认识博物馆的窗口，是博物馆实现社会宣教功能的交流工具。在表达展览策划人的意图方面，展品、展品说明、展览设计都是其语言载体，三者相辅相成，缺一不可。现代展览有很重要的两个原则：以观众为导向，重视展览的教育功能；以展品为导向，提升博物馆的研究水平和馆际沟通能力。理念宣之于形式，一个好的展览更直观地表现在色彩运用和设计风格上，这些都是博物馆展览无声的语言。本文讨论了不同类别展览的语言风格，以期能对展览实践有所裨益。

关键词： 博物馆；展览语言；展品；观众

现代意义上的博物馆不再只是收集藏品的场所，而是集教育、收藏、研究、展示、休闲、娱乐于一身的综合体，其中教育是博物馆的首要功能。这就决定了博物馆是向大众传播文化理念的媒介。尽管数字化博物馆科技发展迅猛，实地参观仍然是人们接收博物馆信息的主要方式，其藏品资源和教育手段必须通过双向交流才能实现社会化，而博物馆的窗口——展览恰如其分地充当了博物馆和观众之间的交流工具。一个好展览如同一杯好茶，品相俱佳，让人回味无穷。本文试图讨论不同类别的展览的语言风格，以期能对展览实践有所裨益。

一、博物馆展览的语言载体

本文所讨论的展览语言，其载体由三部分组成：第一，文物名牌、器物说明词、图版、条幅等文字载体；第二，文物本身是重要的展览语言载体，策展者对展览意图和标的的解说总是存在局限性，文物所透露出来的信息往往不能全部表达出来，而是要靠观众自己体会和领悟，因此，展品的选择至关重要；第三，展览的色彩基调和设计风格是展览语言的无形载体，策展人的意图和观众的视角很多时候取决于展览色彩的冲击力和辅助场景的搭配使用，展品和文字离开了展览的设计风格和色彩运用，就显得干巴巴的，苍白无力。

二、博物馆展览的分类

一般来说，博物馆展览分为常设展览和临时展览。常设展览是陈列五年以上、有一定规模、体现博物馆主题研究的展览。临时展览包括两类：因某个原因而临时策划的相关主题展览，这类展览一般主题鲜明，目的性强，展期较短；巡回性临时展览，这类展览是博物馆在常设展览之外，针对某些成体系、有较高研究价值和陈列价值的藏品所做的原创性临时展览，这类展览除了在本馆作为主题展览的延伸展出之外，更多的是"走出去"参与馆际交流。

三、以观众为导向的展览语言风格

近年来，参观博物馆的已经不再是文化水平较高、经济能力较强、具有较多空余时间的"高金闲"单一人群，观众可能包括来自不同地区、不同文明圈的游客，以及不同职业、不同文化层次的市民。在人群多样化的同时，参观博物馆的目的也变得复杂起来，除了为学习而来，更多的人是把博物馆当"超市"一样逛逛。这种复杂的局面对博物馆的策展人提出了空前的挑战。展览所承载的目的不同，其语言导向亦不同。常设展览是一个博物馆付出心血最多，规模最大，最能体现本馆特色的展览。常设展览的质量直接体现博物馆的水平和风格，针对的必定是各个社会阶层，承载着博物馆最重要的教育理念。因此，这类展览语言的设计一般要以观众为导向，必要时需纳入社会流行的时尚元素。杭州南宋官窑博物馆主要收藏南宋官窑青瓷，对其他窑口瓷器亦有涉猎。其常设展览——"中国陶瓷文化"陈列，没有按年代或者窑口进行排序，而是另辟蹊径，以陶瓷和生活的方方面面（包括日常起居、生老病死等）为切入点，用讲故事的方式再现古人的一个个生活画面。这种方式容易让观众有代入感，无论是对陶瓷有一定研究的学者，还是陶瓷方面的门外汉，都能看懂该展览，并在该展览中发现自己的兴趣点。

在临时展览中，也有部分专题展是以观众为导向的。这类展览的举办通常是出于某个政策性的原因或者宣传目的。例如，2017年5月18日在杭州博物馆开幕的"钱塘觅珍——杭州市第一次全国可移动文物普查成果展"，其办展目的是宣传杭州市"一普"工作成绩和弘扬杭州历史文化，展览对象是普通杭州市民和一般游客。无论是

■ 图 1 "奢华的艺术——江阴市博物馆馆藏金银器展"场景图（1）

■ 图 2 "奢华的艺术——江阴市博物馆馆藏金银器展"场景图（2）

设计思路和设计语言，包括展板、图标、多媒体展示，都是为了让普通人透过文物，看懂杭州文化。展品的选择是围绕这个中心目的进行的，因此，除了公认的精品文物，还有一些颇能代表杭州历史文化的特色文物也在入选之列。总之，该展览并非一般的文物珍品展，而是面向大众的文物普及展。

四、以展品为导向的原创性展览语言风格

总体而言，中国的博物馆文物收藏数量庞大，但分散到具体的某家博物馆，藏品一般是较为有限甚至是不足的。尽管现在联合办展渐成趋势，但藏品的不足依然制约着博物馆的发展。博物馆发展首先要立足于本身，外部力量只是补充。因此，我们现阶段的大部分展览应该是以有限的展品为导向而设计的。有时候，创意虽然好，但是巧妇难为无米之炊，在展品不能到位的情况下，如何深入挖掘已有的资源才是当务之急。策划这类展览时，通常事先就要对展品相当了解，不能光从一个角度进行理解，还应从其他角度加以说明。以博物馆旧陈改造为例。如果把展览比作菜肴，那么原料大体上还是原来那些，但是蒸、煮、炒、煎等处理方式不同，出来的菜肴成品绝对不同，人们所感觉到的色香味也就不同。换句话说，我们用什么方式表现同一件展品，用什么环境衬托同一件展品，用什么语境表述同一件展品，都是旧陈改造中要仔细琢磨的。再如某博物馆巡回展，其办展初衷是用一组成系列的展品表达同一个主题，然后用语言文字把这些零散的展品串起来形成一个展览，之后在很多合适的博物馆中展出。无论展馆如何变化，展览主题和思路不变。这类巡回展一般展品精美，语言凝练，是经得起时间考验的。值得注意的是，巡回展不是一成不变的，而是随时需要创新，所以，每隔一段时间，应重新设计展陈方案，推陈出新。

尽管以展品为导向的展览在设计方案上会受到藏品种类、结构等的限制，其质量也会受影响，但是，现阶段的馆情使策划者只能基于有限的展品设计展览，这无形之中对策划者提出了更高的要求，深挖展品、拓宽思路、结合热点、适当联想都是很有必要的。

五、无声的语言——展览的色彩运用和设计风格

除了展板、图标、多媒体展示之外，展览的色彩及设计风格也是至关重要的展览语言。心理学家早就发现，色调会给人的心理造成强烈的暗示，如红色代表血液、恐怖，橙色象征阳光、温暖，绿色代表生命、希望等，并且色差的运用会造成强烈的对比，对标的物有强烈的影响。杭州南宋官窑博物馆曾举办过"银宴——奥地利施瓦策瑙古堡银器展"，亮闪闪、非常精致的金银器躺在大红色的丝绒上，整个展柜（展墙）用纯黑色铺底，庄重大气，而且整个气氛被烘托得华丽不凡。这样一来，银器由于背景的红、黑色差而被强烈突出，游客只要一走进展厅，就能感受到银器那扑面而来的高贵气息（图1、图2）。

展览的终极目的是讲述文物背后的故事。例如，虽然展示的是一只碗，但游客看到它的时候，会知道它是何时何地生产的，它的主人是谁，它的具体功用有哪些，等等。展览就是使游客不仅能够身临其境，而且能够穿越时光隧道，回到过去的年代。博物馆的外墙都是钢筋水泥，但里面却千奇百怪、各有不同。这就是展览的另一种重要语言——设计风格，它有一个更为新潮的称呼——模拟时空。巡展"银宴——奥地利施瓦策瑙古堡银器展"将典型的场景再现，让游客仿佛走进中世纪欧洲贵族的城堡，一张华丽的餐桌上摆满了耀眼的银器餐具，让人们对中世纪的贵族宴席产生无限的遐想（图3），展柜上方的黄蓝帷幔也无言地诉说着昔日的辉煌（图4）。整个展厅装扮得美轮美奂，使人长久驻足，流连忘返。

■ 图 3 "银宴——奥地利施瓦策瑙古堡
银器展"场景图（1）

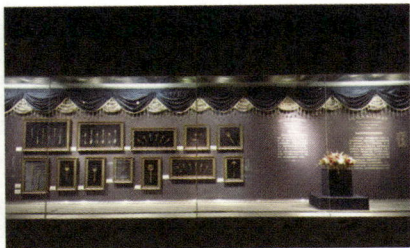

■ 图 4 "银宴——奥地利施瓦策瑙古堡
银器展"场景图（2）

六、结　语

　　一个好的展览能迅速凝聚博物馆的人才力量，全方位提升博物馆的人才水平，同时能够有效拉动人气，扩大博物馆的知名度和影响力。无论是以展品为导向的展览，还是以观众为导向的展览，其根本目的都是发挥博物馆的社会功能。因此，在实际的操作中，两者密不可分。笔者草草的划分和概述权当抛砖引玉，以就正于方家。

参考文献

[1]　龚青．陈列展览策划与博物馆建设[J]．东南文化，2011（4）：90-95．

[2]　侯雅静．博物馆陈列展览空间设计研究[D]．广州：华南理工大学，2012．

[3]　马宇婷．博物馆展览"讲故事"方式的初步研究[D]．昆明：云南大学，2016．

[4]　赵建鹏．基于博物馆陈列展览的传播学研究[D]．南昌：江西师范大学，2013．

小型地方博物馆文化产品开发模式探讨

——以庆元县香菇博物馆和庆元县廊桥博物馆为例

🔲 吴丽花　庆元县香菇博物馆

摘要： 文化产品不但丰富了博物馆的经费来源，为博物馆完善固定和临时展览提供可能，而且作为博物馆藏品创意结晶，其本身也可视为博物馆原创性展览的一部分。但我国小型博物馆由于自身的一些劣势，在文化产品开发方面存在很多问题。本文针对我国小型地方博物馆在文化产品开发和销售方面的几大问题，就庆元县香菇博物馆、庆元县廊桥博物馆近几年来在文化产品营销方面的具体模式展开分析，望能为我国其他小型地方博物馆的文化产品发展提供一定的借鉴作用。

关键字： 小型博物馆；文化产品；原创性；营销

一、引　言

在对博物馆发展思路进行探讨的过程中主要存在两条路线："一条是以博物馆功能为基础的专业化路线，另一条是以博物馆职能为基础的社会化路线。"[1]

传统意义上的博物馆具有收藏、展示、教育和研究四大功能，这四点是博物馆作为文物收藏单位所应具备的基础功能。从专业化路线来看，博物馆原创性展览主要是指在博物馆藏品及相应研究成

1　苏东海. 国际博物馆理论研究的分化与整合——博物馆研究的两条思想路线札记 [J]. 东南文化，2009（6）：9-14.

果的基础上，充分发挥本馆特色，以基本陈列和临时展览为两大主要形式，在内容主题、展品组合、形式设计、科技手段等方面推陈出新，以更好地实现博物馆的教育目的，达到更好的公共教育效果。

博物馆的社会化路线强调的是博物馆与社会的互动。它一方面指博物馆在履行其四大基本功能之外，还具有诸如休闲娱乐、服务大众等更广泛的社会职能。另一方面，它也强调了调动社会力量对博物馆发展的重要性，即博物馆必须调动社会上的一切积极力量来发展博物馆事业，如办馆主体、经费来源、藏品收集多元化，增强学术研究和交流，改革管理体制和提升服务质量等。文化产品不仅是博物馆筹措资金、扩大经费来源的重要方式，还是由文化产业相关人士或部门创作的，以文化或艺术为主要内容，能够满足人类精神需求、反映社会意识形态、满足大众娱乐需求的文化载体[1]。根据这一定义，文化产品也是满足公众需求、扩大自身影响力和融入社会潮流的直接方式。因而，从广义的社会化路线来看，文化产品不仅扩大了博物馆的经费来源，为博物馆完善固定和临时展览提供了可能性，而且作为博物馆藏品创意结晶的文化产品本身也可被视为博物馆原创性展览的一部分。

然而，较发达国家而言，我国博物馆文化产品发展起步较晚，发展速度较缓。我国小型地方性博物馆由于人员、技术、资金、藏品容量等方面的劣势，在文化产品营销方面的问题相对大型博物馆而言更为突出，甚至有很多小型地方博物馆根本没有开发专属的文化产品。

基于这种情况，本文针对我国小型地方博物馆在文化产品营销方面的几大问题，以庆元县香菇博物馆、庆元县廊桥博物馆近几年来的文化产品营销模式为例进行分析，试图为在文化产品开发和营

---

1 臧秀清，游涛. 文化产品：特征与属性的再认识[J]. 探索，2011（5）：120-123.

销方面存在困难的我国小型地方博物馆提供一些帮助。

二、我国小型地方博物馆文化产品营销现状

传统的4P营销理论包含产品（product）、价格（price）、渠道（place）、促销（promotion）这四个基本策略。下文根据这四点分别分析我国小型地方博物馆在文化产品营销上的主要不足之处。

（一）产品：类型单一，缺乏创意

我国很多小型博物馆所陈列的文化产品的类型多为明信片、钥匙扣等装饰性产品，类型单一、雷同，且缺乏使用价值。而在产品设计方面，大多产品为简单的文物复制品，或是将文物简单缩小而成的模型，或是呈现文物照片的图集，缺乏研发创意。有些博物馆甚至模糊了博物馆文化产品与旅游纪念品这两个概念，对当地市面上现存的旅游产品奉行纯粹的"拿来主义"，并不考虑其是否符合本馆的特色，也不考虑其中的文化价值。

（二）价格：质次价高

博物馆文化产品因其独特性而很难实现批量生产，因此博物馆的文化产品价格多高于市场同类产品价格。这种现象在小型地方博物馆中表现得尤为突出。小型博物馆资金本就少，难以负担文化产品设计和生产方面的大规模投入，加之其客源较少，无法走薄利多销的路线。因而，很多小型博物馆一方面减少文化产品的生产成本，另一方面又调高定价，出售的产品多粗制滥造而价格昂贵。

（三）渠道：营销模式单一滞后

我国大多小型博物馆仅在馆内开设一间小型商店，以出售文创

产品。换言之，大多数小型博物馆的消费对象仅限于进馆参观者。而进馆消费受到时间、空间等局限，顾客多次消费的可能性较小。且很多小型博物馆并未配备专业的销售人员，仅在店内安排了未受过专门销售培训的普通馆员。他们无法对产品进行详细说明，也无法通过口述增加顾客对产品的兴趣。

（四）促销：无自有品牌，缺乏宣传手段

促销手段并不单指低价出售产品，而是包括品牌宣传、公关等一系列的营销行为。如上文所述，有些小型博物馆将当地的旅游纪念品当作本馆产品来出售，并不设计和生产产品。即便有些小型博物馆拥有一些专属的文化产品，也很少会想到构建自有品牌，更加不会通过一些宣传平台或宣传手段来扩大博物馆文化产品的知名度。

三、庆元县两家博物馆的文化产品营销思路

庆元县香菇博物馆、庆元县廊桥博物馆分别成立于1997年和2011年。庆元县的两家博物馆自2010年开发文化产品以来，始终立足于本馆特色，增加产品种类，提高产品质量，销售业绩也得到稳步的增长。截至2016年12月，庆元县两家博物馆的产品总销售数量近3万件，总销售额10余万元，这对于小型地方博物馆而言已是不小的成就。而这主要归功于其在不断改进的过程中摸索出的发展模式。

（一）独立设计、馆企合作与集中民智相结合

大型博物馆在资金、人才和号召力方面拥有很大优势，因而也较容易组成专业级的设计团队。但对于小型博物馆而言，在内部聘请大量新的设计人才并不现实，聘请外部专业设计师投资过大，而且很少有厂家愿意为博物馆的小规模生产进行大规模的研发投入。

因而，庆元县博物馆决定在文化产品方面坚持独立设计为主的原则，并通过多种途径加强对现有馆内人员的指导：一是开展系列培训课程，邀请县内旅游、电子商务的相关代表对馆内相关人员进行产品开发方面的主题培训；二是组织人员到省级、市级博物馆取经；三是制定相关激励政策，对有意愿参加相关进修活动的个人给予相应支持。

与此同时，庆元县的博物馆还在一定程度上采取与当地企业合作的模式。例如，庆元县香菇博物馆出售的高端菌菇礼品系列产品，其包装设计和产品生产由厂家负责，博物馆则负责出售。这既有利于打响当地企业的知名度，也能够减少博物馆的投资成本。

而在一些对专业度要求不高的产品的设计上，庆元县两馆也选择性地采取了征求民意、集中民智的举措。2013年，庆元县廊桥博物馆与浙江传媒学院合作举办了"廊桥在我心"创意T恤设计大赛，向庆元县全县群众和浙江传媒学院学生征集创意，并评选出优秀作品。此类活动不仅从群众中汲取思路，还吸引了更多游客前往博物馆，这对于文化产品的促销也起到了很大的作用。

（二）产品多样化、实用化、时代化

博物馆文化产品最早一般是以博物馆馆内藏品为基础而开发的观赏类文化产品。产品类型单一，且实用价值不高。另外，通常此类产品的制作标准较高、费用昂贵，并不适合作为中小型博物馆的主要经营对象。为满足普通群众对文化和物质的双重需求，庆元县香菇博物馆、庆元县廊桥博物馆早期多开发以观赏性为主的香菇毛绒玩具和摆件，以及廊桥模型。后来，为了满足顾客的实际生活需要，馆内文化产品的类别日趋多样，涉及生活用品、办公用品、家居用品、装饰玩具等各大领域，并且针对不同年龄、性别、喜好、需要的顾客推出不同的产品种类：既有针对幼儿的香菇系列趣味黏

土产品、香菇系列毛绒玩具，也有针对学生开发的香菇水杯；既有针对高雅艺术爱好者的廊桥模型，也有结合民俗文化的廊桥主题绒布窗花；既有针对电脑爱好者推出的香菇优盘、蓝牙音响，也有针对养生爱好者推出的香菇竹炭抱枕，还有用再生纸制作的环保蘑菇凳。这些丰富多样的产品不仅将观赏性和实用性相结合，而且紧跟时代脚步，以时代前沿科技为依托，符合现代人"环保""养生"的新理念。

（三）创新型设计理念：系列化、体验式设计

设计理念是决定文化产品竞争力的一大要素，透过文化资源提取文化要素并将其转化为视觉符号，进行装饰性、骨架式、意蕴式、体验式、系列式等创新设计。前三种设计理念对设计者的专业水平要求较高，而后两种设计理念相对而言更适合成为小型博物馆文化产品的创新方向。

庆元县的博物馆在考虑到馆内馆藏文物有限的情况下，利用有限的文化资源，采取了系列化设计模式，如推出"菇宝手工"系列儿童玩具，"菇宝悦耳"系列蓝牙音箱，"青花桥韵"系列办公用品以及"桥伴福来"系列民俗文化产品。"系列化设计是在产品基础造型上通过形态、色彩、功能等变化衍生出多个产品，是产品系统化的过程。博物馆文化产品是文化内涵的载体，系列化产品则是文化内涵的复合体。设计可将文化要素在产品纵向、横向上进行组合设计或是将某个要素进行扩展，具有关联性、独立性和组合性，产生良好的品牌效益。"[1]换言之，系列化设计可以从单一文化要素推出多样的文化产品，特别适合藏品类型单一或数量有限的小型博物馆。

对于小型博物馆而言，较易实现的另一个创新性设计理念是体

---

1 徐燕. 博物馆文化产品开发设计研究 [J]. 艺术评论，2015（11）：129-131.

验式设计。"体验式设计以文化产品为载体，将体验融入其中，强调产品与游客之间的互动性。随着经济发展，体验式设计成了博物馆文化产品设计的一种新趋势。"[1]体验式文化产品满足了个性化、人性化等精神层面的需求，是联系博物馆与观众的心理桥梁。庆元县廊桥博物馆在开发文化产品的过程中，不仅考虑到游客对文化产品单纯的视觉欣赏，还关注增加产品与游客的互动性，以地域性特色材料为基础，开发了廊桥系列拼装产品。拼装的过程不仅富含乐趣，还能增加游客对廊桥结构、外观的了解，更好地发挥博物馆的文化宣传功能。

（四）销售渠道多样化

大部分中小型博物馆的销售渠道主要依托于馆内设立的纪念品商店，但如前文所述，这种销售渠道存在很多弊端。而庆元县的博物馆除了在馆内设置销售柜台以外，还对外销售，此外，还针对一些大型客户提供相应产品的定制服务。

与此同时，庆元县的博物馆为了迎合购买者的采购习惯，扩大客户群体，也在积极开发网上营销渠道，发展电子商务。另一方面，庆元县的博物馆也正在考虑与已经具备成熟渠道的企业或组织合作，利用其渠道分销，实现合作共赢。

（五）特色自有品牌构建

庆元县香菇博物馆、庆元县廊桥博物馆在文化产品开发过程中均以馆藏文物和本县的香菇、廊桥文化为设计元素，如香菇形状的玩具、音响、背包、挂件以及廊桥模型、文化衫等，充分体现本馆特色。不仅如此，庆元县两馆设计制作的产品及包装上均带有博物

1　徐燕. 博物馆文化产品开发设计研究 [J]. 艺术评论，2015（11）：129-131.

馆标志及相关文字介绍，这将博物馆的文化产品与一般的旅游产品明显区分开来。而且，庆元县香菇博物馆还有独立的品牌，以庆元香菇为原形设计的"菇宝"商标已得到法律认可，这是打造特色自主品牌的重要一步。博物馆自有品牌形象的塑造对于文化产品的宣传无疑起到极为积极的作用。

（六）宣传方式多样化

除了构建自有品牌，庆元县香菇博物馆、庆元县廊桥博物馆还通过拓宽宣传渠道来加大本馆文化产品的宣传力度，不仅利用纸质宣传册，还通过网络等其他媒介，为顾客提供各种具有针对性的宣传介绍，此外还借庆元县举办"廊桥文化节""中国香菇节"等大型活动的机会，设立各类形式的临时展览，吸引更多县内外访客抵达博物馆，促进其对本馆文化产品的了解，从而达到良好的宣传效果。

另外，庆元县的博物馆积极加入中国博物馆协会等各类同行业领域组织，也积极参加各类文化产业博览交易会，曾连续三届受邀参加中国（义乌）文化产品交易会。其中，庆元县廊桥博物馆以全国重点文物如龙桥为原型设计的拼装模型于2015年4月获第十届中国（义乌）文化产品交易会工艺美术优秀奖。由此可见，参加对外交流活动不仅有利于汲取同行的经验，促进对外交流与合作，还能提高博物馆文化产品的知名度，有利于拓宽对外的销售渠道。

四、结　语

相较于大型博物馆，小型博物馆在文化产品营销方面的确存在很多不利的因素，但这并不代表它们没有经营文化产品的必要，也不能说明它们没有营销文化产品的可能。庆元县两馆的实例便是有力证明。当然，每一个小型博物馆都有自己的独特情况，以上措施并不一定完全适合所有小型博物馆。它们应该从自身情况出发，在文化产品研发、生产、宣传、销售等方面采取恰当的措施。但总体而言，创新设计理念、构建特色品牌、加大宣传力度、扩大销售渠道等文化产品经营模式对于其他小型博物馆还是具有一定借鉴意义的。

参考文献

[1]　苏东海. 国际博物馆理论研究的分化与整合——博物馆研究的两条思想路线札记[J]. 东南文化，2009（6）：9-14.

[2]　徐燕. 博物馆文化产品开发设计研究[J]. 艺术评论，2015（11）：129-131.

[3]　臧秀清，游涛. 文化产品：特征与属性的再认识[J]. 探索,2011(5)：120-123.

博物馆原创性展览与文创产品研发的探索和实践

——以中国湿地博物馆为例

□ 孙洁玮　中国湿地博物馆

摘要： 近年来，文创产品已成为"把博物馆带回家"的重要载体。作为博物馆临时展览重要组成部分的原创性展览的开展，有利于带动博物馆文创产业发展，为文创产品的开发提供素材和主题，丰富和扩展博物馆现有文创产品的种类；而文创产品探索实践的成果也可作为展品进行展示，从而形成一场原创性展览，两者可谓相互影响，相辅相成。本文主要通过经验总结，以中国湿地博物馆近几年举办的原创性展览为例，探讨原创性展览与文创产品研发之间的关系。

关键词： 博物馆；原创性展览；文创产品

一、原创性展览与文创产品研发

"原创"，英文为"original"，意为最早创作、首创；"原创性"意为作品等具有的首先创作或创造而非抄袭或模仿的性质。博物馆的固定展览或常设展览，从诸多方面来看都具有原创性，探讨其原创性意义不是很大。因此，本文讨论的主要为原创性的临时展览。

临时展览是博物馆为公众提供的文化产品，它是博物馆活力的体现，有利于博物馆的可持续性发展，同时也是博物馆基本陈列的重要补充，能够涉及更多元化的文化需求，覆盖更广泛的社会领域。而原创性临时展览（简称"原创性展览"）指的是，办展机构以自身为主导创办的一场展览，包括展览的前期策划、调研、文本编写、设计稿形成到展览的实施及完成。此外，原创性展览应该具有最初性和独创性。

作为博物馆的重要组成部分，博物馆文创产品是文化与商品的有机统一，是提升博物馆品牌形象的需要，是博物馆进行经济创收的重要途径，更承载着宣传和弘扬博物馆文化的使命，能满足消费者的精神文化需求。开发、设计独具特色的文创产品对于博物馆的发展经营相当重要。相较于国内的博物馆，西方国家的博物馆文创产品开发较为完善，博物馆的周边商品琳琅满目，游客们通过购买这些纪念品，可将"博物馆带回家"。

台北故宫博物院可以说是较早开始重视文创产品研发的机构之一，前任院长林曼丽认为，"走品牌之路，才是真正的蓝海"。其商品部每天的营业额都超过百万新台币，曾荣登台北士林区百货卖场类的零售业榜首。最为有名的产品当属"朕知道了"胶带，既有文化历史感，也十分风趣幽默。在大陆，近年来故宫博物院的文创产品开发也做得风生水起，故宫网店（来自故宫的礼物）拥有近百万粉丝。据统计，截至2016年年底，故宫博物院的文创产品达到了惊人的9170种，在2016年为故宫带来10亿元左右的收入；2017年故宫文创部线下收入近1亿元，线上收入近5000万元，2017年文创部总收入较2016年增长26.7%。外形模仿清代官员穿着朝服时佩戴的朝珠的"朝珠耳机"，将文物与实用相结合，一经推出便很快售罄，获得2014年全国十大文创产品大奖。可以说，文创产品的成功开发与推广使博物馆活跃于公众视野中，让博物馆活了起来。

原创性展览与文创产品的关联主要体现在公众服务上。博物馆在给观众提供高质量的展览内容的同时，也应适当开发一些相关文创衍生产品，加深观众对展览的印象，进而延伸展览的文化服务，更好地宣传展览和博物馆形象。博物馆也能以文创产品的研发成果为主题，开展原创性展览。

二、原创性展览与文创产品研发的探索和实践

（一）西溪且留下

西溪，古称河渚，曲水弯环，群山四绕，名园古刹，前后踵接，又多芦汀沙溆。历史上的西溪占地约60平方千米，最早可以追溯到5000多年前的良渚文化时期，是杭州先民居住繁衍之地。西溪湿地是一块集农耕湿地、城市湿地、文化湿地为一体的区域，是杭州历史上的风景名胜，曾与西湖、西泠并称"三西"，素有很高的知名度，具有非常深厚的历史文化底蕴和独特的湿地自然景观资源。

据史料记载，西溪湿地自五代、宋以后逐渐人工化，至民国时期开始衰落，面积大规模减缩，功能退化。20世纪30年代后，特别是90年代，随着城市化步伐的不断加快，湿地面积仅剩20多平方千米，整整退化了2/3的面积。为了守护"城市之肾"，杭州市委、市政府于2003年9月正式启动西溪湿地综合保护工程。保护工程以科学发展观为指导，其基本任务是保护自然与文化遗产，开展科学研究、科普教育和生态旅游。工程在坚持"生态优先、最小干预、修旧如旧、注重文化、可持续发展"原则的基础上，全面加强湿地及其生物多样性保护，维护湿地生态系统的生态特性和基本功能，保持和最大限度地发挥湿地生态系统的各种功能，实现湿地资源的可持续发展。同时，在积极保护生态资源的基础上，展示其清雅秀丽的湿地自然景观、深厚的人文景观，打造杭州特有的湿地生态品牌，在西溪与西湖之间营造一条绿色的生态长廊，使西溪和西湖形成一个有机互补的整体，全面提升杭州的生态环境质量及其作为国际旅游城市的品位。

■ 图1　西溪国家湿地公园

西溪国家湿地公园于2005年5月正式开园（图1），占地11.5平方千米，为国家5A级景区。2009年7月被国际湿地公约组织列入《国际重要湿地名录》。重建后的西溪湿地生态环境得到全面提升，植物由原来的221种增加至600多种，鸟类由原来的89种增加至126种，湿地生物多样性得到了有效的保护。

（二）西溪旅游纪念品创意设计大赛及成果展

中国湿地博物馆（简称"湿地博物馆"，图2）位于杭州西溪国家湿地公园的东南角，占地面积约2万平方米，于2009年11月2日正式对外开放，是我国唯一的由国家林业和草原局批准兴建的以湿地为主题，融收藏、研究、展示、教育、宣传、娱乐于一体的国家级专业博物馆。陈列展览以"湿地是人类文明和社会发展的物质与环境基础"为核心创意，展示面积达7800平方米，主要分为序厅、

■ 图 2　中国湿地博物馆

湿地与人类厅、中国厅、西溪厅、专题展厅及多功能区域。

　　湿地博物馆的专题展厅位于三楼，面积为500平方米。虽然建馆时间不算太长，但是湿地博物馆相当重视临时展览的开展与举办。截至2018年11月，共举办临时展览65场，包括自然科学类、自然文化类、人文艺术类、跨境合作类等。其中原创性展览共20场，包括"水调浮家——西溪民俗文化展""不只是荷花——中国荷文化展""天堂渔事·水乡风情——西溪渔文化展""畅想湿地未来——国际湿地主题少儿绘画大赛获奖作品展""华夏有衣，襟带天下——汉服文化展"等。

　　位于西溪湿地外围的湿地博物馆，总是被误称为西溪湿地博物馆，其实湿地博物馆与西溪国家湿地公园为两家独立的单位，只是合作密切。2014年年初，湿地博物馆联手浙江省民间美术家协会开展了西溪旅游纪念品创意设计大赛（简称"旅游纪念品大赛"），鼓励社会各界设计、研发以西溪文化为核心的创意伴手礼，试图利用地域资源借力开发有西溪特色的旅游纪念品，用湿地博物馆馆长的话来说，就是"发掘有故事的小东西"。

旅游纪念品大赛于2014年3月起征集作品，受到了社会各界、各大高校、文创产业人士等的踊跃参与，大赛组委会由博物馆领导、工作人员，浙江省民间文艺家协会等相关合作单位人员组成，从头至尾全力推进大赛全程：规划大赛方向，制定整体方案，多渠道发布大赛信息，接收整理参赛作品，组织专家进行评审，联系入围参赛者进一步完善并提交作品等。经过数月，共征集到参赛作品设计方案216组、900余件。经过两轮专家评审（图3），97组实物及模型作品、17组创意图稿进入终评角逐，最终，"西溪旅行伴侣"箱包外

■ 图3 西溪旅游纪念品创意设计大赛评审现场

■ 图4 西溪旅游纪念品创意设计大赛颁奖现场

■ 图 5　特别金奖作品 "西溪旅行伴侣"

套及环保袋系列作品获得特别金奖；"荷韵"等 3 组作品获得金奖；"柿柿如意"等 5 组作品获得银奖；"近在咫尺"等 10 组作品获得铜奖；另有 60 组作品获得"传承创新一、二、三等奖"，25 组作品获得"传承创新优秀奖"。6 位老师获得优秀指导老师奖（图 4）。

　　"西溪旅行伴侣"（图 5）为此次大赛的特别金奖获奖作品，主要包括环保购物袋、环保便当包和旅行箱保护套三组作品。该作品围绕"本着渴望时尚、便利生活和环保精神，以环保产品来取代塑胶袋，让每个人的每一天过得更美好"的设计理念，以西溪湿地景观为设计图样。作品用料轻便环保，方便携带，结实耐用，整套作品设计较为成熟，具有很强的后续操作性。

　　"绿溢西溪"（图 6）获得了大赛的传承创新三等奖，该作品由创意枕架、杯垫、平板电脑保护套等组成，采用当前流行的环保简约的设计理念。清新亮眼的绿色，手感较好的毛毡材质，加上环保、创意、实用这三大元素，赋予了西溪湿地旅游纪念品更多的价值及

■ 图6 传承创新三等
奖作品"绿溢西溪"

■ 图7 "西溪旅游纪
念品创意设计大赛成
果展"展览现场

意义。

在大赛进入尾声时，大赛获奖作品以成果展的形式在湿地博物馆专题展厅展出（图7）。展厅被划分为四块展示区域，按照奖别等级展示获奖作品，整体展示风格简约现代，以白色为背景，明黄、翠绿、海蓝等明快亮丽的颜色为主色调。同时，受西溪特色的河塘地形和芦苇启发，利用方块和直线、斜线等元素进行装饰，使整个展厅富有生气和律动感。此外，获奖作品的展示方式也十分多元，采用墙面、玻璃橱窗、高低展柜、悬挂式镂空展柜、高低错落的长方体展架等多种展台，使观众可以多角度全方位地欣赏到展品，避免出现视觉疲劳。展览期间，湿地博物馆还推出"十佳人气"作品选举活动，观众可在展览现场或通过博物馆微信公众号、官方网站、官方微博等渠道来给作品投票。湿地博物馆通过此次旅游纪念品大赛，也积累了宝贵的文创产品研发实践经验。此次活动受到了社会各界的广泛关注和支持，大众给予了较好的认可和较高的评价。

从2011年的"水调浮家——西溪民俗文化展"开始，湿地博物馆就开始了西溪文化的挖掘之路，致力于《西溪全书》编纂、人文研究、学术交流等工作，旨在研究、发掘、整理和保护西溪传统特色文化。同时，博物馆也注重将理论研究成果转化为实践，不断推出以西溪文化为主题的原创性展览："画说湿地·水墨西溪——全国书画名家西溪创作展"、"天堂渔事·水乡风情——西溪渔文化展"、"西溪且留下——湿地瓷画艺术展"（图8）、"同书西溪赋，共

■ 图8 "西溪且留下——湿地瓷画艺术展"现场

抒西溪情——全国书法邀请展"、"糕中滋味·印里人生——西溪糕版艺术展"等，将西溪传统文化精髓以生动的形式展现出来。

三、结　语

简而言之，原创性展览的开展有利于带动博物馆文创产业的发展，为文创产品的开发提供素材和主题，丰富和扩展博物馆现有文创产品的种类，为博物馆带来收益。而文创产品探索实践的成果也可作为展品进行展示，从而形成原创性展览，对实践成果进行回顾和总结。两者可谓相辅相成，相互促进，相互影响。

参考文献

[1]　龚良，毛颖．中国博物馆大型原创性特展之展览策划——以南京博物院为例专访龚良院长[J]．东南文化，2016（6）：6-12.

[2]　李旭丰，张涛．文创产业大商机 展现惊人爆发力——台北故宫博物院：古老文物焕新颜[J]．海峡科技与产业，2011（12）：18-21.

[3]　任群．试论博物馆原创性临时展览及其相关[J]．都市家教（上半月），2013（5）：285-286.

"畲"文化赢得文创产品新发展
——以景宁畲族自治县畲族博物馆为例

🔲 雷红香 景宁畲族自治县畲族博物馆

摘要：畲族在漫长的历史发展过程中蓄积了丰富多彩的文化资源，为当今时代民族文化产业的发展奠定了良好的基础。本文以景宁畲族自治县畲族博物馆为例进行研究，探寻民族博物馆开发推广和销售民俗文化产品的有效路径，让沉睡在库房中的文物活起来，实现传统文化的创造性转化和创新性发展。景宁畲族自治县畲族博物馆以弘扬畲族优秀传统文化为己任，打开文创开发新通道，全力做好文创环境设置、文创展示传播和营销文章写作，从而打造民族博物馆文创产品发展样板。

关键词："畲"文化；文创产品；发展

随着现代社会的不断发展，博物馆的社会职能发生了巨大变化，博物馆不再只是具有收藏、研究、展示、教育等功能的文化机构，还是满足社会大众对精神文化需求的生产者。当前，开发文化创意产品正日益成为当代博物馆最时尚的话题之一，文创产品的开发在博物馆运营中占有越来越重要的地位，日益受到关注和重视，文创产品已成为博物馆发展不可缺少的重要内容。畲族在漫长的历史发展过程中蓄积了丰富多彩的畲族文化资源，为当今民族文化产业发展奠定了良好的基础。积极开发优秀的畲族文化产品，并开展卓有成效的营销活动，对文化产业发展及文化传承、文化软实力的增强都有着极其重要的现实意义。景宁畲族自治县畲族博物馆（简称"畲博")以弘扬畬族优秀传统文化为己任，积极做好畬族文化产品的开发和推广工作，文创产品以馆藏文物为元素进行设计开发，从各类别单一的代表性文物中挖掘提炼能表现畬族文化魅力的文化信息和设计元素，赋予馆藏精品文物元素以现代艺术设计的多样化、抽象化理念，应用现代工业设计的多种类、实用性载体，致力于打造满足不同消费群体需求的高、中、低档次的文创产品，既体现畬族文化特色又能适应现代生活需要。

一、"畬"文化助力文创产品开发

充分依托全国唯一的畬族自治县和华东地区唯一的少数民族自治县的特殊性，景宁畬族自治县畬族博物馆挖掘、利用好独特的畬族文化，不断激发畬族文化活力，展现畬族文化魅力，发展文化产业，树立品牌形象，走好符合馆情、独具畬族特色的文创产品开发和推广之路。

一是植入"畬"文化。我们在开发文创产品时，要把畬族传统文化符号应用到文创产品中来，并且能够融入今后的生活，把特色文化和博物馆文化带回家，通过博物馆的文化底蕴、器物的形象图案，设计出具有一定用途的东西，既要用起来称心如意，又要具有畬族风格。景宁畬族自治县畬族博物馆的文创产品涵盖陶瓷、饰品、丝织品、旅游纪念品等，蕴含浓厚的畬族地域文化特色。博物馆零售点设置独具创意，在畬族文化中心设有陶艺坊、草鞋寮、银饰轩、根雕屋、畬药铺等五个主题畬族传统技艺的特色文化小木屋，所有的主题木屋都有特色文化展品，都有传承人现场演绎，是迄今为止全国第一个"组团式、活态化、常态形"展示畬族传统技艺的窗口，而且大众可以购买展出的产品。通过传统技艺再现，使历史的遗存与大众互动，增强大众的参与性。他们在博物馆中变被动消费为主动消费。

对于大众而言，这些活动更符合他们的心理特征，他们乐于购买博物馆的文创产品，可以更好地实现品牌推广效果。

二是"广告＋畲"活动，实现优势互补。景宁畲族自治县畲族博物馆始终注重品牌的"走出去"工作。通过"广告＋畲"活动的方式实现优势互补，强化畲博品牌。畲博加强和主流媒体等的合作，并利用好自身资源，如博物馆的微博、微信、网站等。扩大畲博品牌知名度，强化畲博品牌在大众中的形象，提高美誉度。同时，结合节庆活动、赛事活动、会展和旅游业，突破经营局限，扩展市场空间。值得一提的是，景宁畲族自治县畲族博物馆提倡从参与、互动、分享等不同层次去实现品牌推广。例如，举办首届中国少数民族（畲族）工艺品设计制作大赛获奖作品展、中国（浙江）畲族服饰设计大赛、中国畲乡三月三等文化活动。积极研发了种类丰富、构思新颖的博物馆文化创意产品，包括景宁畲族自治县畲族博物馆纪念杯、畲族服饰、银饰、彩带、畲族风情包等。这些博物馆文化创意产品充分展示畲族的特色，将博物馆文化展现得淋漓尽致。大众能得到近距离的体验服务，因此建立起品牌忠诚度，享受品牌所带来的附加值。

三是联合"畲"企业，实现发展共赢。博物馆做文创，往往会遇到政策、人才、设计、投资、营销、品牌等方面的瓶颈，只靠文化机构"单打独斗"是很难突破的。企业拥有设计、投资、营销优势资源，景宁畲族自治县畲族博物馆把最好的文化资源同最好的产业资源强强联合，实现共赢，这才是发展文化产业的出路。景宁畲族自治县畲族博物馆还与有意愿、有实力的企业进行合作，有针对性地进行文创产品开发。一来，文物专家可以直接参与、指导产品开发，提供更多思路；二来，流水线、机械化生产才能降低成本，产品售价才降得下来，普通人才买得起、欣赏得了文创产品。景宁畲族自治县畲族博物馆有9个非遗互动项目，其中陶艺与浙江畲祖文化发展有限公司合作，银饰和根雕与畲乡老银匠、景宁畲根缘根艺文化开发有限公司合作，畲药和织彩带与景宁畲草堂畲药发展有限公司和晓琴畲族民间陈列馆合作创立。

四是设计"畲"标识。景宁畲族自治县畲族博物馆进一步创造文化精品，传承弘扬畲族优秀传统文化，扩大景宁畲族自治县畲族博物馆在全国的影响力和知名度，将其打造成畲乡最靓丽的金名片，提升中华民族的文化品位。景宁畲族自治县畲族博物馆注重文创产品包装创意，整体打造品牌识别标识。景宁畲族自治县畲族博物馆文化品牌标志的设计从畲族传统文化出发，基于"畲"字做图形设计，搭配书法家鲍贤伦的题字，构成上下组合的稳定形式。图形以"畲"字为原型，基于畲族彩带编织的网格系统，取"畲"意，并加入彩带意符文字的图案特征，重构"畲"字。颜色采用中国传统色彩中的赤与丹，在取畲族人忠勇品性之意的同时，寓意畲族传统文化传播与创新的美好前景。整个标识既内蕴中国传统文化中各要素相辅相成的特质，又深具畲族特色，图样清新，寓意鲜明，亲和力强，识别性高，适合作为景宁畲族自治县畲族博物馆的品牌标志。

二、"畲"文化提升文创产品品牌

景宁畲族自治县畲族博物馆的文创产品包括博物馆藏品衍生品、创意产品、工艺品等多个类别，涵盖陶瓷、饰品、丝织品、旅游纪念品等产品。景宁畲族自治县畲族博物馆认为，品牌与品质同样重要。品牌是受众感官的体验，是一种感受，一种精神，一个故事，产品在消费者心里留下深深的烙痕，架起企业与消费之间沟通的桥梁。而品质则是支撑品牌的有形体，失去品质的品牌并不长久。文创的目的不是卖产品，而是宣传文化，做有效展示，树立博物馆自己的品牌。要严把文创产品的质量关，因为每一件"劣质品"都是博物馆声誉的蛀虫。景宁畲族自治县畲族博物馆具有得天独厚的金名片和品牌，那就是畲族文化。畲博依托畲族文化，设计的文创产品既适合老百姓消费，又有别于旅游纪念品。在博物馆产品里附加畲族文化，让观众通过购买这个商品，了解一些相关的文化，这也是我们设计文创产品的初衷。

在整合营销传播中，我们通常运用的营销传播工具包括广告、公共关系等。这些工具运用的准则就是，以最合适的工具完成最合适的任务，形成一个互相渗透的共赢局面，力求达到最佳性价比和最大传播效果。在畲族文化品牌战略推广的初期，使用广告建立品牌知名度，强化品牌在消费者心中的形象，提高美誉度，进而刺激其购买欲望，最终达到使消费者购买的目的，这无疑是必要的。考虑到成本和传播效果，重点媒体为电视和报纸，同时要利用好自有资源，如微博、微信、网站等。

景宁畲族自治县畲族博物馆根据畲族文化、人员、场地等因素的影响，特别探索出了一条更加合理、符合自身形象的博物馆商店设计方式和经营模式。景宁畲族自治县畲族博物馆在商店的店面形象、商品布局、柜台陈设等空间设施的合理设置、特色服务上做了全方位的改进，以提升文博创意产品的整体运营活力。在产品定价方面，景宁畲族自治县畲族博物馆根据不同的消费需求，开发低、中、高层次的文创产品。比如，符合普通消费群体的加入畲族图案元素的背包挂件等以及追求更高雅艺术的大漆罐艺术品。在文化内涵方面，为了更好地弘扬畲族传统文化，景宁畲族自治县畲族博物馆提出从参与、互动、体验、分享等不同层次去实现品牌推广。

三、"畲"文化突出文创产品特色

景宁畲族自治县畲族博物馆依托丰富多彩的馆藏文物精品，将具有代表性的馆藏文物精品作为设计元素，秉承"传承、创新"的设计理念，融入现代产品设计理论，深度挖掘具有畲族特色的文化，设计开发蕴涵畲族文化特色、体现景宁畲族自治县畲族博物馆独特文化精髓、融合新时期时代特征和社会主旋律的高质量、多品种的系列文创产品。

景宁畲族自治县畲族博物馆的文创产品以本馆馆藏文物为元素设计进行开发，从各类别单一的代表性文物中挖掘提炼能表现畲族文化魅力的文化信息和设计元素，赋予馆藏精品文物元素以现代艺术设计的多样化、抽象化理念，应用现代工业设计的多种类、实用性载体，致力于打造满足不同消费群体需求的高、中、低层次的文创产品，这些产品既体现畲族文化特色又能适应现代生活需要，从而提升景宁畲族自治县畲族博物馆文创产业的文化传播力和市场竞争力。景宁拥有独具特色的畲族文化传统，在饮食、娱乐、民俗等方面与其他民族不同，而文化的异质性正是景宁畲族自治县畲族博物馆开发推广文创产品的决定性因素。这不仅能体现丰富的文化内涵和鲜明的本土特色，而且能满足消费需求。只有将"畲"文化内涵与市场需求完美融合，才能更加突出畲博文创产品的特色。

四、"畲"文化拓宽文创产品市场

文创产品是文化的载体，但它首先必须是能让消费者满意的商品。这就要求我们在开发文创产品时具有市场导向思维，将文创产品与畲族文化、现代设计和市场需求等元素有机融合起来。这不仅能体现丰富的文化内涵和鲜明的本土特色，而且能满足人们的消费需求。只有将文化内涵与市场需求完美融合，畲博文创产品才会更有市场。

旅游者在景宁畲族自治县畲族博物馆文创产品的消费人群中占

有相当大的比重。同时，金丽温高铁的正式运营也增加了景宁的游客量。景宁畲族自治县畲族博物馆文创产品的消费者以外地旅游者和本地、外地考察、休闲团体为主。这些消费者的特点为偏好民俗产品，消费潜力大，有较强的独立购买能力。为拓宽文创市场空间，景宁畲族自治县畲族博物馆积极和旅行社建立良好关系，最大限度地增加景区游客。景宁畲族自治县畲族博物馆是国家AAA级旅游景区，也是浙江省文化旅游示范基地，是一座以反映畲族文化历史为切入点，展示中国畲族文化和民俗风情的专业性民族博物馆。同时，它也是畲乡景宁的畲族标志性建筑和景宁县旅游的支柱。它为景宁县增加人气、扩大影响力、拉动第三产业经济增长发挥了显著作用。景宁畲族自治县畲族博物馆的游客数量不断增长，旅游品质不断提升，为文创产品的销售打开了新市场。

五、"畲"文化助推文创产品发展

一个地区的发展水平和文明程度的标志是其文化发展程度，但随着科学、经济的发展，地域文化元素不断流失。在文创产品中融入地域文化元素，一方面可以体现出文创产品的文化艺术特色，另一方面可以通过文创产品实现地域文化的传承。近年来，景宁畲族自治县畲族博物馆的文创产品从"畲"文化中得到灵感，既取得了经济效益，又传播了畲族文化。"畲"文化助推了文创产品的发展。

一是设置文创产品展示点。景宁畲族自治县畲族博物馆文化创意产品展示点设在基本陈列展览的出口处。通过讲解员半个小时的讲解，消费者早已对畲族文化充满好奇。我们将最典型的畲族彩带符号作为设计元素，设计出彩带手环、畲族包袋等一系列价廉物美又实用的文创产品，受到了游客的欢迎。

二是互动项目，优化购物体验。景宁畲族自治县畲族博物馆结合馆内9个非遗互动体验项目，建立了丰富多彩的文创产品体验系统。这些项目分别是陶艺、做草鞋、竹编、根雕、做银饰、织彩带、织布、纳鞋底等，且都有非遗传承人进行现场展示，带给消费者视觉上的震撼体验，营造浓厚的畲族文化氛围。还可以让游客体验文创产品的制作过程。例如，在陶艺项目中，消费者可免费体验陶艺拉坯机，制作属于自己的个性化土坯，若需要上釉或者烧制，则只需要承担一小部分的费用。更重要的是，这个项目带动了我馆陶艺类文创产品的销售，如茶具、工艺品等。

三是展会营销，共享"畲"文化。展会营销是通过展会的形式向顾客及同行展示自己的最新产品及成果，一方面可以增加业绩，另一方面可以提高品牌影响力。景宁畲族自治县畲族博物馆连续4年参加中国（义乌）文化产品交易会。在2016年第11届中国（义乌）文化产品交易会上，景宁畲族自治县畲族博物馆选送的文化创意产品"涅槃"获得国家级工艺美术金奖。在2017年第12届中国（义乌）文化产品交易会上，景宁畲族自治县畲族博物馆选送的文化创意产品"竹·缠"荣获创新设计奖，"彩带王"荣获工艺美术银奖，"凤凰吉祥"和"畲乡情话"荣获工艺美术铜奖。在2018年第13届中国（义乌）文化产品交易会上，"畲族新娘首饰套装"获国家级工艺美术金奖。2018年6月，首届良渚文博创意市集在杭州良渚文化艺术中心举行，景宁畲族自治县畲族博物馆作为丽水市唯一的参展单位，精选100余件文创产品参展。畲族独具特色的银饰、织绣等文创产品在展会上大放异彩，在全省人民面前展示了畲乡文化产业发展的新成效。同时，景宁畲族自治县畲族博物馆被评为浙江省第3届博物馆免费开放最佳产品创意单位。

在未来的发展中，景宁畲族自治县畲族博物馆将在现有经营的基础上，探索开展网络销售之路。进一步创造文化精品，传承和弘扬畲族优秀传统文化，扩大景宁畲族自治县畲族博物馆在全国的影响力和知名度。"畲"文化助推景宁畲族自治县畲族博物馆文创产品的发展，扩大畲博的品牌效应。通过推广营销，"畲博"的品牌逐步深入人心，得到了社会各界越来越多的关注与支持，取得了一定的品牌竞争力和社会影响力，赢得了良好的经济效益和社会效益，为推动景宁畲族自治县畲族博物馆文化产业的快速发展打开了良好局面。

参考文献

[1] 胡顺江. 浅谈博物馆与民俗文物的保护和利用[J]. 北方文学，2017（8）：192.

[2] 王成凤，徐圣超. 浅谈地域文化元素在文创产品设计中的应用[J]. 艺术科技，2017（11）：34-35.

[3] 周鲲鹏. 品牌定位与品牌文化辨析[J]. 山东社会科学，2011（1）：117-120.

浅谈博物馆文创产品开发
——地方博物馆可持续发展的重要方式

🔲 陈化诚　　庆元县香菇博物馆

摘要：随着我国经济的不断发展，近几年，精神消费在国民生活消费中所占的比重越来越大，这说明精神消费市场正在逐渐地成长起来。当今社会信息传播越来越快，科技越来越发达，博物馆作为文化传播的窗口也在不断寻求不同的适应社会的方式。本文针对地方博物馆的发展现状进行分析，望能为我国地方博物馆提供借鉴。

关键字：地方博物馆；文创产品；开发；推广

近几年来，博物馆事业越来越受到社会的关注，许多人开始关注各个博物馆推出的文创产品。然而，这仅仅是个开端，下面就文创产品的开发谈谈自己的看法。

一、现阶段地方博物馆的发展现状

目前，我国地方博物馆存在的一个突出问题就是自身条件比较差，观念上闭关自守，故步自封，严重阻碍了博物馆的发展。特别是一些中小型博物馆，它们缺乏藏品资源，藏品单一，传达的信息十分有限，加上地理位置比较偏远，建筑面积和使用空间小，不具备办临时展览和流动性展览的条件，仅仅依靠常年不变的基本陈列来吸引观众，导致观众反复参观的兴趣逐渐下降。久而久之，博物馆门面冷清，死气沉沉，甚至到了关门的境地。另外，出于种种原因，地方博物馆缺乏吸引人才的资源，特别是那些既拥有文博专业知识又有专业研发、经营能力的综合人才很少会来地方博物馆工作，造成人才缺乏、事业枯萎的局面。即使博物馆有很丰富的藏品，没有了人才，没有了实干、优秀的人才，也就没有了好的文创产品创意方案，更没有长足的发展后劲。所以，地方博物馆要克服这个困境，必须更新观念，引进人才，建立起自己的文化创意事业，只有这样才能吸引更多观众，使博物馆充满生机，得到长足的发展。

二、产品的开发对博物馆可持续发展的意义

第一，文创产品的开发有利于满足消费者对文化的需求。博物馆的礼品店一直是最受人们喜爱的地方之一，店内的创意产品不仅可以供人回忆，还有助于美的教育。一方面，文创产品的设计和研发灵感来源于那些古老的艺术品，它们承载着一定的文化和历史价值，一件好的文创产品，会使人爱不释手；另一方面，博物馆要顺应市场化、商业化发展趋势，不断更新文创产品，探索其市场价值，使文创产品为发展博物馆事业做出新的贡献。以庆元县廊桥博物馆（图1）为例，它是建筑类专题博物馆，其中的文物都为不可移动文物。廊桥文化是独具特色的地方文化，许多游客想把这种文化带回家，但是书籍的形式太过单一，而且书籍不能具体直观地反映文化，因此廊桥模型系列产品就为游客提供了一个很好的选择，满足了游客的消费需求，同时把廊桥文化带到了千家万户（图2）。

第二，文创产品的开发有利于增强自身"造血"功能。博物馆要坚持"参观"与"消费"并重的经营理念，努力探索出适合自身发展的研发与经营的文化创意产业之路。目前，我国大多数公立博物馆为公益单位，实行了免费开放政策，运行经费主要依赖政府拨

图1 庆元县廊桥博物馆

图2 廊桥模型系列产品

款。私立博物馆的运行资金主要以门票收入与企业或个人资助为主，自身"造血"功能较差。然而，面对这样一项庞大的社会事业，政府的拨款与企业的支持十分有限。据调查，我国2/3的博物馆面临生存困难。在这种情况下，文创产品为博物馆的发展提供了一条自立的途径，对增强自身的"造血"功能，改变现有的生存状态有着重要的意义。

第三，文创产品开发有利于文化的传承与传播。博物馆的社会职能之一便是传播文化。传播文化的渠道有很多种，而文创产品对文化的传承和传播更为具体。文创产品将传统文化与潮流文化相结合，使之浓缩于一件产品之上，提高群众对传统文化的兴趣，由浅入深地激发群众了解文化的欲望，使消费者从现代的视角了解古代的文化，从而使传统文化得到传承与传播。同时，通过文化产品的传递，延伸博物馆的历史文化内涵，增强知名度，扩大影响力，吸引更多的人来参观，从而真正把博物馆带回家，这对推进文化建设、满足公众的精神文化需求起到重要的作用。

三、基础博物馆文创产品开发措施

如今，各地博物馆都在如火如荼地开发文创产品，地方博物馆应该借助文创产品的"东风"，通过分析研究文创产品研发的方向、途径和种类，结合产品营销的手段和方法，使博物馆的功能得到更大的发挥。笔者认为应从以下几个方面采取措施。

（一）文创产品的开发应该更新观念，鼓励创新

思想观念落后、经营墨守成规是许多地方博物馆的现状。要改变地方博物馆的现状，首先要更新观念，特别是更新领导班子的观念，创新思维的培养应该从领导班子开始，领导应该起到带头作用，

为员工传输创新理念，并创造宽松的创新环境。除了领导班子转变观念外，还应该从全馆出发，让全员学会创新思维，树立创新观念。其次，应在馆内成立专门机构，负责文化创意产品的开发研究、制作流程和经营管理，专人专事，落实每一环节，责任到人。再次，应安排馆员到外地参观学习，使其不断开拓视野，更新思想观念，让思想跟上时代的步伐，顺应时代的变化。最后，对于优秀的创新行为应该进行奖励，以调动创新者的积极性，实现创意的良性循环。

（二）文创产品的开发应该从馆藏文物出发，立足于生活化、市场化

文物是博物馆事业发展的基石，是历史的承载者，产品开发必须从馆藏文物出发。观众在了解其来源和历史背景后，看到展柜中一件件精美的藏品，便立刻在脑海中将其与历史联系起来，观众购买纪念品的欲望因此被激发。馆藏纪念品被观众买回家后，就作为文物的载体走进观众的生活中，因文物的特色而被观众所认可，满足了观众收藏和怀念的精神需求。因此，博物馆文化产品销售得越多，历史、科学、文化信息就传播得越广。

文创产品在立足于高品质的同时，既要有艺术性，又要有生活性。造型呆板、粗糙的文创产品，是不受群众欢迎的，因此文创产品要富有灵性，具有独特韵味，在琳琅满目的产品中显现闪光点，在精雕细琢的背后散发文化的价值。只有这样，文创产品才会被广大观众所接受、所喜爱。以庆元县香菇博物馆的主打产品"香菇宝宝"为例，"香菇宝宝"因其可爱的造型、优质的做工、合适的价格受到了消费者的青睐，特别是受到了少年儿童的喜爱，被许多消费者亲切地称为"菇宝"。"菇宝"是系列产品，包括毛绒玩具、优盘、手机挂件等，规格包括小、中、大、特大四个规格，除了经典款外，还有红黄蓝"菇宝"、十二星座等形象。"菇宝"受欢迎的

原因除了以上几点以外，最主要的是它把庆元本土的香菇文化以卡通的形象惟妙惟肖地展现在消费者的面前，更能被群众接受与喜爱（图3、图4）。

■ 图3 庆元县香菇博物馆

■ 图4 庆元县香菇博物馆主打产品"香菇宝宝"

（三）文创产品开发应该加强交流合作

在经济高速发展的今天，一个产品的开发不再是一家之事。产品从开发到销售的各个环节都涉及很多单位。文创产品的开发也不是一家博物馆能完成的，因此文创产品的开发应该加强交流与合作。博物馆合作的方向主要有三个。

第一，加强与企业的交流合作。企业作为市场的主体，是市场的直接参与者。而基层博物馆往往开发经费较少，如果能和企业合作，不仅能节省打样费、设计费等成本，还能更准确地生产符合市场需求的产品。除了根据自身创意寻找企业以外，还可以根据企业产品的特点开发创意。以庆元县香菇博物馆的"竹炭菇宝"为例。"竹炭菇宝"是庆元县香菇博物馆和庆元本土特色企业浙江节节高炭业有限公司合作开发的一款产品。产品把毛绒玩具同竹炭相结合，把炭包填充到"香菇宝宝"的内胆里，这样既能保证柔软度，又能起到防辐射、防潮的效果。而且，同本土特色的企业合作能够把本土文化同本土特色产品相结合，增加文创产品的吸引力和竞争力。

第二，加强与学校的交流合作。学校作为知识的宝库，充满着生机，孕育着各种创意。文创产品的开发离不开学校的智力支持。博物馆可以借助博物馆之友这一平台，同联谊的学校进行文创产品的开发合作。博物

■ 图 5 廊桥主题系列 T 恤

馆可以在学校组织文创产品创意大赛、文创产品金点子征集等活动。例如，庆元县廊桥博物馆与浙江传媒学院联合举办的创意T恤设计大赛，最终选出了30幅图作为蓝本，推出了廊桥主题系列T恤（图5）。

第三，加强与博物馆的交流合作。除了纵向的交流合作以外，横向合作也是必不可少的。博物馆与博物馆不仅能够在产品合作上相互借鉴，而且可以共享某些资源。地方中小博物馆由于基础条件的限制，不管是在创意还是新兴科技与新兴材料的应用方面都落后于大型博物馆。由于大型博物馆文创产品的开发相对成熟，因此它们在合作交流中不仅能够为地方博物馆文创产品的开发提出相关意见和建议，还能为地方博物馆提供相关的资源。这样，地方博物馆既能及时地避免开发过程中的错误，也能得到一些开发的便利。

（四）文创产品开发应该注重新媒体推广和后期维护

"酒香不怕巷子深。"现在许多地方博物馆交通不便，即使有好的文创产品也不被外人所熟知。在信息化高度发达的今天，新媒体的出现为处在"深巷"当中的地方博物馆的文创产品提供了传递"酒香"的可行性。因此，借助新媒体来推广文创产品就显得尤为重要。地方博物馆可以尝试着使用微信公众平台、微信场景应用、微博、百度关键词、淘宝客、数字博物馆等。每个平台都有其特点和关注的群体。博物馆可以根据不同的新媒体手段和自身技术的掌握程度选用不同的新媒体手段来进行推广。巧用新媒体会在产品推广中起到以小博大的效果。

博物馆在进行文创产品开发的同时，也要注重文创产品的保护和后期深度开发。博物馆应该树立知识产权意识，文创产品开发十分不易，市场上的抄袭现象却随处可见，而且商标抢注事件时有发生。因此，博物馆应该重视专利申请和商标申请。国家为了鼓励创新，提高公民知识产权意思，简化了专利和商标的申请步骤，博物馆申请专利和商标并没有以前那么困难。而且，专利和商标的申请能够避免知识产权纠纷，维护品牌形象，为文化产品戴上护身符。而产品的深度开发是保证文创产品寿命的重要手段。文创产品具有时效性，一个产品也许流行在当下，但是不一定能够适应未来的市场，因此一个文创产品的成功不是结束，而是开始，博物馆应该与时俱进，继续尝试新兴元素，延长文创产品的生命周期，实现博物馆的可持续发展。

四、结　语

地方博物馆的文创产品开发还不成熟，还有很大的发展空间。因此，博物馆在文创产品的开发方面要更新观念，敢于创新，使文创产品成为博物馆持续发展的新动力与活源泉。

参考文献

[1]　李韶辉. 博物馆文创产品：面朝百姓春暖花开[N]. 中国改革报，2014-08-22.

[2]　瞿群. 博物馆开发文创产品"小商店"如何做"大产业"[N]. 中国文化报，2013-06-20.

基于展品要素组合的书画展览选题方法

■ 温巧燕 温州博物馆

摘要： 考虑到观众审美的多样性和书画材质的易损性，许多博物馆一年需要举办多个书画展。如何充分利用馆藏资源，推陈出新地办展，成了重要且急迫的问题。本文以近年来各大博物馆的书画展览为例，结合笔者的工作实践，从书画作品的作者、类型、内容、形制等基本要素入手，采用展品组合推演主题概念的方法，梳理、分析馆藏书画展览的选题思路和趋势，以期为策展人提供更多主题选择和参考。

关键词： 展品要素；书画；展览；选题

近年来，我国博物馆建设蓬勃发展。博物馆与观众的距离在逐年拉近，在许多城市，市民成了博物馆的常客，一年多次参观博物馆的观众也不在少数。常年不变的固定陈列已不能满足公众的需求，经常策划举办应时应节、丰富多彩的临时展览愈发重要。书画展览是博物馆临时展览的重要门类。书画即书法和绘画的统称，一般指中国书画。中国书画艺术是世界文化艺术宝库中的精华，是人类历史上值得品鉴和典藏的艺术珍品。书画的材质多数为纸，也有绢、锦、绫等丝织品。纸质、纺织类文物的保护对温度、湿度、光照等环境因素要求较高。虽然许多博物馆的书画展厅配备了恒温恒湿设备和安全光源，但为了更好地保护书画，此类展览的展期一般不超过4个月。因此，书画展需要经常替换和更新。

考虑到观众审美的多样性和书画材质的易损性，许多博物馆一年需要举办多个书画展。如何充分利用馆藏资源，推陈出新地办展成了重要且急迫的问题。博物馆固然拥有丰富的馆藏资源，然而除去残损、品相不佳又未修复的藏品，成系列又可供展出的藏品极为有限。虽然可加强馆际合作，通过整合馆藏资源来联合办展，但如何扩大展览的选题范围、寻找多种策展角度，依然是开发原创展览的关键点。

展览策划，从本质上说是处理选题、概念、展品三个要素之间的关系，在概念设计和展品组织之间建立逻辑联系，或以主题概念统领展品展示，或以展品组合推演主题概念，进而实现展览选题的立意表现、展览内容的精彩解读、展览效果的整体呈现以及展览影响的价值效应。

目前，国内外对展览策划的研究，主要是对展览策划理念、原则、方法、思考及案例的介绍分析。一般将展览选题作为展览策划的一个步骤，业界对此尚未进行深入研究。例如，李琳研究了选题的规律和特点[1]；魏崴认为，展览选题要突出地方文化特色[2]。书画专题类展览选题的研究总体还较少。例如，田若微以多个书画展览为例，在实践中寻求博物馆展览与观众交流的途径和方法，综合分析了博物馆中国书画展览的展品特点、设计特点和展品信息传播[3]。

博物馆的书画信息一般包含以下要素：年代、作者、类型、内容、形制、来源、收藏单位、文物级别等。从这些信息里选择单项或多项要素进行作品组合，往往能推演确定一场书画展览的选题。选择同一作者的作品，举办个人书画展，如潘天寿书画展。或者选择同一类型和收藏单位的作品来举办展览，如类型为山水画，收藏单位为温州博物馆，可举办温州博物馆藏山水画展。下文围绕书画

1　李琳. 谈临时展览的选题 [J]. 文物春秋，2005（3）：59-61.
2　魏崴. 突出地方文化特色 丰富展览选题内容 [J]. 四川文物，2002（1）：73-75.
3　田若微. 中国书画的展览设计与展品信息传达 [D]. 太原：山西大学，2014.

的作者、类型、内容、形制等信息，采用以展品组合推演主题概念的方法，从书画作品的基本要素入手，以各大博物馆的书画展览为案例，梳理书画选题的方法和思路。

一、以书画作者为选题办展

在源远流长的中国书画艺术史中，涌现了大量杰出的书画家和书画作品。选取一位书画家的作品来举办个人作品展是最为常见的策展选题。策展人首先应了解馆藏书画资源中作品较多的书画家有哪些，可列出书画家作品清单，然后通过整理每件展品的主题内容和艺术表现，全面了解书画家的生平事迹、师承关系、早中晚年风格和时代特征，选取解读角度，确定展览主题。这类展览一般选择具有纪念意义的年份来举办，如书画家诞生或逝世周年。2015年是国画大师黄宾虹诞生150周年，也是他逝世60周年，中国美术馆、浙江省博物馆、安徽博物院等纷纷举办黄宾虹纪念展。

个人书画展虽能让观众较为全面地了解书画家的艺术面貌，但缺少类比和对比，稍显单调。加之许多博物馆的单人书画作品数量和质量不足以支撑一场展览，故举办多名书画家的作品联展也是策展选题的方向。

多人艺术展中的书画家，一般存在某种联系，如师承、友朋、父子、昆仲，或同乡、同榜、同身份，抑或同风格、同流派、同时代并称齐名者。此类展览的策划多侧重于书画家之间的艺术对比与影响。以利用师承关系为例，太平天国历史博物馆曾策划"翰墨缘——黄宾虹、林散之、胡小明、汪迎书法师承展"，在桂林、连云港等地展出；浙江省博物馆"湖上有奇峰——蓝瑛作品及其师承影响特展"通过展出蓝瑛早、中、晚三个时期的精品力作和董其昌、黄公望、孙克弘等的作品，梳理了蓝瑛的师承渊源、绘画创作、对同时代及后世的影响。以利用父子、昆仲关系为例，温州博物馆于2017年3月策划展出"大笔高名——纪念孙锵鸣诞生二百周年暨孙衣言、孙锵鸣、孙诒让书法展"（图1）。而展出同种风格或同一流派的书画展是多人书画展中最为常见的。以国画流派为例，后人将具有共同用笔、用色及用墨特点的画家归为同一个流派。明清以降，中国画流派有：常州画派、浙江画派、吴门画派、岭南画派、江西画派、扬州画派、海上画派等。近年来，各大博物馆举办的同流派画展有："山东博物馆藏扬州画派精品展""南京博物院藏常州画派精品展""集古大成——上海博物馆藏虞山画派艺术展""云林宗脉——安徽博物院藏新安画派作品展""见'怪'非怪——天津博物馆藏金陵画派、新安画派绘画作品联展""浓写淡抹总相宜——温州博物馆藏海派名家书画展"等。

■ 图1 "大笔高名——纪念孙锵鸣诞生二百周年暨孙衣言、孙锵鸣、孙诒让书法展"

二、以书画分类为依据办展

书法一般以书体分类。中国书法主要书体分为五种：篆书体（包含大篆、小篆）、隶书体（包含古隶、今隶）、楷书体（包含魏碑、正楷）、行书体（包含行楷、行草）、草书体（包含章草、小草、大草、标准草书）。以同一书体为策展选题，四川博物院曾举办"西蜀放歌——书法兄弟连行草十家展"，无锡博物院也曾举办"风行太湖——无锡行草书八人作品展"，另有"中国古文字起源——中日金文书法展"，先后在日本石川县立美术馆、西安碑林博物馆、宝鸡青铜器博物馆举办。书法又有按书写载体分类的，分为甲骨文、金文、石刻文、拓片、简帛等。2015年，中国国家博物馆曾举办"中国国家博物馆典藏——甲骨文、金文集粹展"。

绘画的分类较复杂。从画的内容来看，可分为人物画、山水画、花卉画、禽鸟走兽虫鱼画、界画等。按绘画内容分类策划选题的画展不胜枚举：山东博物馆的"明清人物画精品展"、浙江省博物馆的"传神阿堵——浙江省博物馆馆藏古代人物画精品展"、台北故宫博物院的"造型与美感——明清山水画选萃展"、中国美术馆的"万里江山——中国美术馆馆藏20世纪中国山水画精品展"、故宫博物院的"搜尽奇峰——院藏历代山水画精品展"、重庆中国三峡博物馆的"自然的吟唱——重庆中国三峡博物馆馆藏花鸟画精品展"、台北故宫博物院的"宫室楼阁之美——界画特展"、温州博物馆的"俏不争春——温州博物馆馆藏花鸟画展"（图2）等。绘画从画的形式或颜色上可分为水墨、青绿、金碧、浅绛等。2013年，中国美术馆、金陵美术馆相继举办"山水本色——中国当代青绿山水画学术邀请展"。从画的技巧上，绘画又可分为粗笔（泼墨）、细（工）笔、写生、写意、皴法、白描、没骨、指头画等。中国人民革命军事博物馆曾举办

■ 图 2　"俏不争春——温州博物馆馆藏花鸟画展"

"全国首届现代工笔画展",故宫博物院曾举办"故宫博物院藏清代高其佩指画特展",中国美术馆多次举办"中国现代没骨画派"展览。

三、从书画具体内容入手办展

书画皆有其具体书写或描绘的内容。书法的内容有诗词、文章、名言警句等,其中以诗词居多。温州博物馆曾于2011年庆祝建党90周年之际,遴选馆藏内容为毛泽东诗词的书法作品,策划举办了"温州博物馆藏名家书写毛泽东诗词作品展"。类似展览还有成都杜甫草堂博物馆的"杜诗书法作品展"、武汉博物馆的"庆祝抗战胜利69周年书法作品展"。绘画方面,从内容入手策划办展,主题众多。以人物画为例,中国的人物画是中国画中的一大画科,是以人物形象为主体的绘画的通称。大体分为道释画、仕女画、肖像画、风俗画、历史故事画等。此类展览有"横翠含丹——辽宁省博物馆、沈阳故宫博物院、旅顺博物馆藏仕女画展""江南佳丽——苏州博物馆藏仕女画精品展""形妙神合——明清肖像画展"等。其他绘画作品可考虑举办历代梅花图展、墨竹图展、骏马图展等。或者更为具体,如"印象雁荡——卢云标书画展"就选取了内容为雁荡山的画,南京博物院"双栖双伴——遇上七夕节"以画作中成对出现的花鸟鱼虫为切入点,为浪漫的七夕节献上了一场绘画艺术盛宴。各博物馆可结合馆藏资源和地方特色,从书画的具体内容入手,结合社会热点和节日特色,策划丰富多彩、独具风姿的展览。

四、结合书画装裱形制选题办展

中国书画的传统装裱形制主要有手卷、立轴(屏条)、册页、成扇(扇面)、横批、对联等。立轴和横批是传统书画中最常见的装裱形式,因最常见,故很少特地以此类形制类别为选题办展。结合书画形制选题举办的展览主要有手卷展、册页展、成扇(扇面)展、对联展。选取同一形制的书画作品举办展览,不仅有整齐、统一的视觉效果,还可加深观众对书画形制的了解。以扇面展为例,扇面是中国扇文化的组成部分,也是中国传统书画的形式之一。历代书画家都喜欢在扇面上绘画或书写以抒情达意,为他人收藏或赠友人以诗留念。存字和画的扇子,保持原样的叫成扇,为便于收藏而装裱成册页的叫扇面。扇面展可将书画艺术与扇文化相结合,介绍扇文化历史、扇面分类、扇面创作、文人雅玩生活等知识。这类展览常在炎夏举办,有中国国家博物馆的"小品大艺——明清扇面艺术展"、广西壮族自治区博物馆的"丹青桂韵——馆藏明清扇面展"、常熟博物馆的"海虞清晖——常熟博物馆馆藏扇面展"、温州博物馆的"清风徐来——温州博物馆馆藏扇面精品展"(图3)、扬州博物馆的"聚散乾坤——馆藏清代折扇艺术展"等。其他同类选题方向的展览有辽宁省博物馆的"卧游江山——中国古代山水画手卷展"、常熟博物馆的"春意江南——常熟博物馆藏清代花鸟画册页展"、中国国家博物馆的"贺岁春联展"系列、温州博物馆的"馆藏名家楹联展"等。

书画的作者、分类、内容、形制往往成为办展选题方向的主要依据，而年代、来源、收藏单位、文物级别、真伪、品相等信息同样也可成为展览选题方向的依据。例如，温州博物馆策划举办的"王国桢先生捐赠书画精品展"，选取了同一来源的珍贵书画；济南市博物馆举办的"馆藏明清书画真伪对比展"，选取了真伪书画进行对比；宜昌博物馆举办的"馆藏书画修复成果展"，选取了品相上经过修复的书画；上海博物馆举办的"翰墨荟萃——美国藏中国古代绘画珍品展"，选取了同一收藏来源的珍贵书画。

以展品组合推演确定展览主题，可以增加专题展览选题更多的

■ 图3 "清风徐来——温州博物馆馆藏扇面精品展"

可能性。书画展览如此，陶瓷类、家具类、铜铁器类、工艺美术类等专题器物展览也可通过分析展品要素、特点，拓宽展览选题范围。画家、策展人彭长征有首打油诗："策展好比厨师，酸甜苦辣尽知，配得一桌好菜，艺术盛宴开吃！"策划书画展览的选题时，不妨试试从书画的基本要素入手，进行作品的搭配、组合，以及内容的研究、解读，从而实现主题的提炼、升华。

参考文献

[1] 李琳. 谈临时展览的选题[J]. 文物春秋，2005（3）: 59-61.

[2] 田若微. 中国书画的展览设计与展品信息传达[D]. 太原：山西大学，2014.

[3] 魏崴. 突出地方文化特色 丰富展览选题内容[J]. 四川文物，2002（1）: 73-75.

图书在版编目(CIP)数据

别出机杼 : 原创性展览的理论与实践研究 / 俞敏敏,
楼航燕主编. —杭州 : 浙江大学出版社, 2019.5
ISBN 978-7-308-19109-8

Ⅰ. ①别… Ⅱ. ①俞… ②楼… Ⅲ. ①展览会—产业
发展—研究 Ⅳ. ①G245

中国版本图书馆CIP数据核字(2019)第078777号

别出机杼 —— 原创性展览的理论与实践研究

俞敏敏 楼航燕 主编

策　　划	张　琛　包灵灵	
责任编辑	黄静芬	
责任校对	田　慧	
封面设计	项梦怡	
出版发行	浙江大学出版社	
	（杭州市天目山路148号　　邮政编码　310007）	
	（网址：http://www.zjupress.com）	
排　　版	杭州林智广告有限公司	
印　　刷	浙江印刷集团有限公司	
开　　本	880mm×1230mm　1/32	
印　　张	6.125	
字　　数	157千	
版印次	2019年5月第1版　2019年5月第1次印刷	
书　　号	ISBN 978-7-308-19109-8	
定　　价	42.00元	